Albert Eulenburg, L. (Leonard) Landois

Die Transfusion des Blutes

Albert Eulenburg, L. (Leonard) Landois

Die Transfusion des Blutes

ISBN/EAN: 9783743679634

Hergestellt in Europa, USA, Kanada, Australien, Japan

Cover: Foto ©Andreas Hilbeck / pixelio.de

Weitere Bücher finden Sie auf **www.hansebooks.com**

THE LIBRARY
OF
THE UNIVERSITY
OF CALIFORNIA

PRESENTED BY
PROF. CHARLES A. KOFOID AND
MRS. PRUDENCE W. KOFOID

Die

TRANSFUSION DES BLUTES.

Nach

eigenen Experimental-Untersuchungen

und

mit Rücksicht auf die operative Praxis

bearbeitet

von

Dr. A. Eulenburg und **Dr. L. Landois,**
Docenten an der Universität Greifswald.

Mit 4 in den Text eingedruckten Holzschnitten.

BERLIN, 1866.

Bei August Hirschwald,

Unter den Linden 68.

Abdruck aus der Berliner Klinischen Wochenschrift. 1866.

Vorwort.

Die vorliegende monographische Bearbeitung der Transfusion verdankt ihren Ursprung einer Reihe von Experimenten, die den grössten Theil des Jahres 1865 hindurch auf dem anatomischen Institute in Greifswald von den Verfassern gemeinschaftlich angestellt wurden. Eine vorläufige Mittheilung der wesentlichsten Resultate, vom 17. September 1865 datirt, findet sich bereits im Centralblatt f. d. med. Wissensch. 1865, Nr. 46. Hieran ausdrücklich zu erinnern erscheint deshalb erforderlich, weil wegen der längeren Verzögerung des Druckes die Arbeit erst jetzt in fertig abgeschlossener Gestalt an die Oeffentlichkeit tritt und somit leicht dem Vorwurf unterliegen könnte, als ob einige der jüngsten Zeit angehörige Untersuchungen und Publicationen auf dem in Rede stehenden Gebiete nicht die gebührende Erwähnung und Berücksichtigung gefunden hätten. Speziell gilt dies von dem Abschnitte über die Kohlenoxydvergiftung, wo bekanntlich zuerst *Kühne* in eben so origineller als glücklicher Weise der therapeutischen Anwendung der Transfusion durch seine Experimente den Weg gebahnt hat. Die inzwischen veröffentlichte Monographie von *Friedberg:* „Vergiftung durch Kohlendunst." Berlin 1866. enthält ausser dem auch von uns erwähnten (in der Wiener med. Presse beschriebenen) *Sommerbrod'*schen Falle noch zwei Beobachtungen über Ausführung der Transfusion beim

Menschen, von denen die eine in der Berliner Charité, die andere durch Prof. *Möller* in Königsberg gemacht wurde. Ausserdem wurde erst kürzlich — am 12. März 1866 — in Berlin in einem Falle von Kohlenoxydvergiftung aus der Praxis des Herrn Dr. *Badt* die Transfusion durch Herrn Geh. Rath *Martin* mit günstigem Erfolge verrichtet: wie aus kurzen Mittheilungen der Tagesblätter und aus dem von Herrn Dr. *Badt* der Berliner medicinischen Gesellschaft (Sitzung vom 28. März 1866) erstatteten Berichte hervorgeht. Auch das theoretische Resumé über die Wirkung des Kohlenoxydgases bedarf nach dem Erscheinen der *Traube*-schen Untersuchungen über diesen Gegenstand (in den Verhandlungen der Berliner med. Ges., Heft I) wesentlicher Ergänzungen und Modificationen, die aus dem Studium der genannten Abhandlung von selbst folgen.

Paris, den 13. April 1866.

Dr. **Albert Eulenburg**.

Inhalt.

	Seite
Einleitung	1
I. Die Transfusion bei acuter Anämie	7
II. Die Transfusion mit gleichzeitiger Depletion bei acuten Vergiftungen, oder die Substitution eines normalen Blutes an Stelle des mit toxischen Substanzen imprägnirten:	17
1) Vergiftungen durch Kohlensäure und Sauerstoffmangel	18
2) Vergiftungen durch Kohlenoxyd	24
3) Vergiftungen durch Chloroform und Aetherdämpfe	34
4) Vergiftungen durch Morphium und Opium	38
5) Vergiftungen durch Strychnin	42
III. Die Transfusion bei künstlicher Inanition und Nahrungsmangel	45
VI. Practische Ausführung der Transfusion und Indicationen derselben	54
Resultate	66

Es sind nun fast gerade zwei Jahrhunderte verflossen, seitdem Denis (am 1. oder, nach Anderen, am 15. Juni 1667) die Transfusion am lebenden Menschen zum ersten Male, und zwar mit glücklichem Erfolge, vornahm. Obwohl vorher nicht unbekannt als Gegenstand poetischer Fabeln oder humoral-pathologischer Speculationen, eroberte die Transfusion doch erst von da ab Rang und Geltung eines physiologisch begründeten, rationell-empirischen Heilverfahrens, als welches sie freilich auch heutzutage noch bei Weitem nicht allgemein anerkannt und geübt wird. Den Grund dafür, dass diese so wichtige und in vielen Fällen segensreich bewährte Operation sich so schwer Eingang verschafft und bisher im Ganzen mehr theoretische Zustimmung, als praktische Pflege und Förderung erfahren hat, suchte vor wenigen Jahren Panum bei Gelegenheit seiner gehaltvollen Studien über die Transfusion in den noch zu mangelhaften physiologischen Voruntersuchungen, die hinsichtlich derselben angestellt seien. Wir glauben freilich, dass noch ein zweites, ganz heterogenes Motiv die Praktiker von der Transfusion zurückschreckt: die (jedenfalls sehr übertriebene) Vorstellung von den technischen Schwierigkeiten und gefahrdrohenden Folgen der Operation — vielleicht auch die Unbekanntschaft mit den Details ihrer Ausführung, da wohl die wenigsten Aerzte auch nur an Thieren, geschweige denn am Menschen Zeugen derselben gewesen sein dürften. Indessen wäre es unbillig, den Einfluss und vor Allem die Berechtigung jenes von Panum hervorgehobenen Moments in Zweifel zu ziehen. Zwar ist in neuester Zeit vielfach und in verschiedenen Ländern gleichzeitig darauf hingearbeitet worden, die zahlreichen und zum Theil complicirten Probleme der Transfusion auf dem Wege des physiologischen Experiments ihrer Lösung näher zu führen; doch so Anerkennenswerthes schon bis jetzt die vereinten Kräfte trefflicher Forscher auf diesem Gebiete geleistet haben, so wenig bedeutet dasselbe doch gegenüber der Grösse und dem Umfange der gestellten Aufgabe. Die bisherigen Versuche, höchst dankenswerth im Einzelnen und zum Theil höchst lichtvoll in Betreff der operativen Technik, haben doch weder die Leistungsfähigkeit der Transfusion im Allgemeinen auf irgend erschöpfende Weise gewürdigt, noch ihrer Wirkung im Einzelnen eine durchaus verständliche und genügende physiologische Unterlage gegeben. Die natürliche Folge davon ist, dass über die von therapeutischer Seite cardinale Frage der Indicationen zur Transfusion noch allerseits die grösste Unklarheit herrscht, und wir den Kreis ihres Wirkens bald durch vage und aprioristische Vorschläge ins Abenteuerliche hinein erweitert, bald eben so unmotivirter Weise beschränkt und selbst in Nichts zusammengeschrumpft sehen*).

Versuchen wir es, kurz die wesentlichsten Fortschritte zu skizziren, welche die Transfusionslehre in neuester Zeit an der Hand des physiologischen Experiments gemacht hat. Mit alleiniger Ausnahme einer erst kürzlich publizirten Arbeit war bisher nur die **Wiederbelebung von durch Blutverlust erschöpften Thieren** Gegenstand der Versuche. An die älteren Versuche von **Rosa** (1783), **Bichat** und **Portal** (1800), **Blundell** (1818), **Viborg**, **Hertwig** und Anderen knüpfen sich keine nennenswerthe Resultate. Die erste Entdeckung von hervorragender Wichtigkeit, die gleichsam einen neuen Abschnitt in der Theorie und Praxis der Transfusionslehre initiirt, ist die der **Anwendbarkeit des durch Schlagen defibrinirten Blutes** an Stelle des vorher allein angewandten fibrinhaltigen. Wir danken diesen Fortschritt den Untersuchungen von **Dumas** und **Prévost****) (1821), von **Dieffenbach*****), **Müller†**) und

---

*) Vergl. die Debatte in der Pariser soc. de chir. vom 5. August 1863, wobei **Depaul**, **Morel-Lavallée** und **Liégard** (von Caen) als absolute Gegner der Transfusion auftraten und selbst die Berechtigung derselben bei erschöpfenden Blutverlusten in Abrede stellten — freilich aus keinem besseren Grunde, als weil auch zuweilen in derartigen Fällen eine spontane Wiedergenesung stattfinde! —

**) Biblioteque universelle de Gen. t. 17. Ann. de chémie t. 18, pag. 294.

***) Die Transfusion (Berlin 1828). — Vergl. operative Chirurgie, Band I, pag. 110.

†) Handbuch der Physiologie, Band I.

Bischoff†). — Ausserdem hatten schon Blundell, Dumas und Prévost, sowie Dieffenbach gefunden, dass fremdartiges Blut zwar ebenfalls öfters die Wiederbelebung vollführe, aber in der Regel schwere Zufälle und selbst den Tod nachträglich hervorrufen. Bischoff glaubte aus ähnlichen Beobachtungen, wobei es sich um die Uebertragung von Säugethierblut auf Vögel handelte, sogar schliessen zu müssen, dass das Blut eines Thieres giftig und daher tödtend auf andere Thierspecies einwirke. Er hatte zu diesen Versuchen ungeschlagenes (fibrinhaltiges) und mittelst Durchschneidung der Halsgefässe gewonnenes Blut benutzt. Später fand er, dass der tödtliche Ausgang nur dann eintrat, wenn venöses — nicht aber, wenn ausschliesslich arterielles Blut angewandt wurde. Schon ältere Beobachter (z. B. Dieffenbach) hatten das arterielle Blut wirksamer gefunden, als das venöse, ohne jedoch eine Erklärung dieser wichtigen Thatsache zu versuchen††). Auch Bischoff war damals ausser Stande, eine solche zu geben. Während er früher den tödtlichen Ausgang wesentlich auf Rechnung des mitübertragenen Faserstoffs geschoben hatte, beschränkte er sich jetzt auf die Vermuthung, dass es vielleicht die „Thierschlacken" des venösen Blutes seien, wodurch dasselbe giftig auf Thiere einer andern Species einwirke.

Eine Lösung dieses Räthsels und eine neue, wesentliche Bereicherung der Transfusionslehre enthalten erst die zahlreichen, Jahre hindurch fortgesetzten Versuche von Brown-Sequard†††). Das Hauptergebniss derselben dürfen wir dahin präcisiren, dass die Wirksamkeit des zur Transfusion benutzten Blutes von dem Gasgehalte desselben abhängt. Arterielles und venöses Blut können daher unter Umständen gleichartig wirken, wenn sie gleiche Mengen Sauerstoff oder Kohlensäure ent-

---

*) Müller's Archiv 1835 pag. 347, — 1838 pag. 357.
**) Dagegen behauptete Blundell nach seinen sorgfältigen Experimenten, Arterienblut scheine nicht mehr zu beleben als venöses. — Wahrscheinlich erklären sich diese widersprechenden Resultate älterer Autoren durch die Beobachtung von Brown-Sequard, dass, wenn man kohlensäurereiches Blut so langsam injicirt, dass das Uebermaass von Kohlensäure durch die Lungen ausgeschieden werden kann, die giftige Wirkung ausbleibt.
***) Comptes rendus der soc. de biologie 1849, 1850, 1851; der acad des sc. 1851, 1855, 1857; journ. de phys. I. p. 95, 173, 666.

halten. Die nachtheiligen Folgen der Uebertragung venösen Blutes erklären sich durch den grösseren Gehalt desselben an Kohlensäure; sie treten daher nicht ein, wenn das Venenblut vor der Transfusion durch Schlagen oder Schütteln sauerstoffreich und hellroth gemacht, gleichsam arterialisirt wird. Umgekehrt kann man auch arterielles Blut giftig machen, wenn man Kohlensäure in dasselbe einleitet, und zwar wirkt ein solches mit Kohlensäure gesättigtes Blut schon lebensgefährlich bei einer Injectionsmenge, die nicht über $\frac{1}{500}$ des Körpergewichts hinausgeht. Der Tod erfolgt unter asphyctischen Erscheinungen und Convulsionen, die Brown-Sequard dem irritirenden Einflusse der Kohlensäure zuschreibt

Die Angaben Brown-Sequard's wurden in allen wesentlichen Punkten bestätigt durch die classischen Untersuchungen von Panum*), die ausserdem über mehrere durch die Transfusion angeregte Fragen höchst werthvolle Entscheidungen lieferten. — Panum stellte sich zuerst die Aufgabe, die neuerdings von einigen Seiten (Schilz**), Martin***) gegen die Benutzung defibrinirten Blutes erhobenen Einwände zu prüfen, und die Superiorität fibrinhaltigen oder fibrinfreien Blutes für die Praxis definitiv festzustellen. Wir dürfen diese Frage jetzt in dem Sinne als beantwortet ansehen, dass die Defibrination an sich keine Störungen in ihrem Gefolge hat und dass defibrinirtes Blut ganz dasselbe leistet, wie fibrinhaltiges, daher mit Rücksicht auf seine grössere Innocuität unbedingt den Vorzug verdient†). — In einer zweiten, nicht minder wichtigen Versuchs-

---

*) Experimentelle Untersuchungen über die Transfusion, Transplantation oder Substitution des Blutes in theoretischer und praktischer Beziehung. Virchow's Archiv, Band 27, p. 240.
**) Diss. inaug. de transfusione sanguinis. Bonae 1852.
***) Ueber die Transfusion bei Blutungen Neuentbundener. Berlin 1859.
†) Dennoch hat die Defibrination noch vor Kurzem wieder einen Gegner gefunden in Graily Hewitt (British med. journal, 29. Aug. 1863 p. 232). Die von ihm geltend gemachten Gründe sind jedoch grösstentheils schon von Panum hinreichend widerlegt: so namentlich die angeblich minder belebende Eigenschaft defibrinirten Blutes und das Eintreten plötzlicher Todesfälle nach Injectionen desselben. Der ausserdem hervorgehobene Zeitverlust ist, zumal da das Blut gleich während des Ausfliessens geschlagen werden kann, jedenfalls so minimal, dass er den anderweitigen Vortheilen der Defibrination

weise führte Panum den Nachweis, dass das transfundirte Blut eines Thieres derselben Species nicht bloss vorübergehende Wiederbelebung bewirkt, sondern auch das normale Blut hinsichtlich aller seiner Functionen vollständig ersetzt und sich ebenso lange wie dieses lebensfähig erhält — also förmlich an Stelle desselben „transplantirt" oder substituirt wird. Die Beweise für die andauernde Conservirung transfundirten Blutes derselben Thierart lieferte Panum dadurch, dass

a) der Inhalt des Blutes an rothen Blutkörperchen längere Zeit nach der Transfusion keinen ungewöhnlichen Schwankungen unterlag;

b) keine abnormen Ausscheidungsproducte auftraten, und namentlich die Harnstoffausfuhr sowie die Perspiratio insensibilis in keiner Weise verändert erschienen. —

Eine dritte und letzte Versuchsreihe zeigte, dass bei Verwendung des Blutes einer anderen Species keineswegs dasselbe der Fall ist: auch dieses vermag zwar eine vorübergehende Restaurirung zu bewirken, aber das eingeführte Blut erleidet in dem ihm fremdartigen Organismus alsbald eine Zersetzung, und wird in aufgelöstem Zustande durch die Se- und Excrete (namentlich durch Harn und Darm) wieder ausgeschieden.

Während noch Panum am Schlusse seiner Arbeit ausdrücklich betont, es scheine ihm die Anwendung der Transfusion vorzugsweise oder ausschliesslich auf directe starke Blutungen beschränkt werden zu müssen, hat ganz vor Kurzem Kühne[*] durch seine erfolgreichen Versuche bei Kohlenoxydvergiftung der therapeutischen Verwerthung der Transfusion neue Bahnen eröffnet, auf denen jedoch zur Zeit noch keine weiteren Beobachtungen vorliegen[**]

Aus dieser gedrängten, aber kaum etwas Wesentliches über-

---

gegenüber nicht in Betracht kommt. — Wir werden auf diese wichtige Frage unten in dem practischen Theile unserer Arbeit noch einmal zurückkommen.

[*] Centralblatt 1864, No. 9.

[**] Die Therapie hat bisher der Transfusion gegenüber im Allgemeinen den Standpunkt von Panum auch zu dem ihrigen gemacht, wie dies die Statistiken von Blasius (Deutsche Klinik 1863, 11), Oré (Gaz. des hop. 1863, 96) und Anderen beweisen. Allerdings hat man in neuester Zeit in einzelnen Fällen von Pyämie (Neudörfer), von lienaler Leukämie (Weber-Blasius) und von Kohlenoxydvergiftung die Transfusion versuchsweise angewandt, und zum Theil nicht ohne

gehenden Uebersicht wird man den derzeitigen experimentellen Standpunkt der Transfusionslehre unschwer ersehen. Eine erneute Bearbeitung und Erweiterung derselben schien uns nach verschiedenen Seiten hin dringend geboten. — Selbst auf dem bisher fast allein angebauten Felde (Wirkung der Transfusion bei erschöpfenden Blutungen) zeigen sich breite, klaffende Lücken, und es wartet namentlich die theoretische Frage nach der Wirkungsweise der Transfusion, dem Zustandekommen ihres anabiotischen Einflusses auf das Nervensystem noch unaufgeklärt ihrer Entscheidung. Wir haben geglaubt, diese Frage dem Versuche einer Beantwortung unterwerfen zu müssen, zumal da sich an dieselbe interessante und gerade heutigentags vielfach ventilirte Streitpunkte der physiologischen Forschung unmittelbar anknüpfen. Wir halten diese Untersuchungen wissenschaftlich auch dann noch für lohnend, wenn für die Praxis der Transfusion bei erschöpfenden Blutverlusten nach den ergiebigen Leistungen der früher genannten Autoren ein wesentlicher Gewinn nicht mehr zu ziehen sein sollte.

Wir haben ferner acute Vergiftungen durch verschiedenartige, deletär wirkende Substanzen in den Kreis unserer Experimentaluntersuchung gezogen. Die Gesichtspunkte, die uns hierbei geleitet, und die theilweise höchst überraschenden Resultate, zu denen wir mit Hülfe eines combinirten Verfahrens (der Transfusion mit gleichzeitiger Depletion) gelangt sind, werden im Folgenden ihre weitere Mittheilung finden.

Endlich haben wir die Wirkungen studirt, welche die Transfusion bei gestörter Ernährung (durch künstlich unterhaltene, andauernde Inanition) ausübt.

Wir behandeln also der Reihe nach:

I. Die Transfusion bei acuter Anämie (durch erschöpfende Blutverluste);
II. Die Transfusion mit gleichzeitiger Depletion bei acuten Vergiftungen;
III. Die Transfusion bei der Inanition — woran sich
IV. Bemerkungen über die practishe Ausführung der Transfusion und die Indicationen derselben anschliessen.

Erfolg; doch scheute man im Grossen und Ganzen davor zurück, das Gebiet derselben über die engen Grenzen der durch plötzlichen Blutverlust herbeigeführten, erschöpfenden Anämie hinaus zu erweitern.

1. Die Transfusion bei acuter Anämie.

Die Versuche dieser Reihe waren besonders auf die Beantwortung folgender Fragen gerichtet:

1. Ist die eigenthümliche restaurirende Wirkung der Transfusion bei anämisch gemachten Thieren an bestimmte Form- und Mischungsbestandtheile des eingespritzten Blutes geknüpft, und welches sind diese Bestandtheile?
2. In welcher Weise äussert sich die Wirkung der Transfusion auf die vitalen Nervencentra, und durch welche Nervenbahnen wird der Einfluss derselben vermittelt?

Was die erstere Frage betrifft, so haben ausser den älteren besonders die Panum'schen Versuche hinreichend dargethan, dass der Faserstoff als ein bei der Transfusion vollkommen entbehrlicher, für den functionellen Effect gleichgültiger Bestandtheil hierbei füglich ausser Acht gelassen werden kann. Mancherlei Gründe sprechen dagegen dafür, dass der belebende Einfluss des transfundirten Blutes an die Gegenwart der rothen Blutkörperchen in demselben geknüpft ist — eine Annahme, die schon von älteren Autoren hier und da aufgestellt wurde, aber erst in den oben citirten Experimenten von Brown-Sequard eine gewichtige sachliche Unterstützung erhielt. Da diese Versuche ergaben, dass sauerstoffreiches Blut belebend wirkt, kohlensäurehaltiges dagegen nicht, so lag es am nächsten, den Sauerstoff als die condicio sine qua non für das Gelingen der Transfusion zu betrachten: und da wir als die vorzugsweisen Träger des Blutsauerstoffs gerade die rothen Blutkörperchen kennen, schien die Annahme durchaus gerechtfertigt, dass diese letzteren, resp. die in ihnen enthaltene Hämoglobinverbindung des Sauerstoffs, das bei der Transfusion eigentlich in Betracht kommende, wirksame Agens derselben ausmachten.

Es ist jedoch zur Erklärung der Transfusionswirkung bei plötzlich herbeigeführter Anämie auch noch eine zweite Hypothese denkbar, auf welche zuerst Goltz in seiner verdienstvollen Abhandlung über den Gefässtonus*) aufmerksam gemacht hat. — Nach Goltz besteht der Hauptwerth der Transfusion in Fällen von Verblutung nicht in der „Vermehrung des Ernährungsstoffes", sondern in der Verbesserung der mechanischen

---

*) Ueber den Tonus der Gefässe und seine Bedeutung für die Blutbewegung. Virchow's Archiv XXIX. (Separatabdruck p. 31.)

Kreislaufsverhältnisse, welche durch die stärkere Füllung der leer gewordenen Gefässe unmittelbar hervorgebracht wird. — „Der plötzliche tödtliche Ausgang nach Blutverlusten wird nicht sowohl dadurch veranlasst, dass die Ernährung aufhört, sondern dadurch, dass die Blutbewegung stockt, und diese letztere stockt, weil das Herz nach der plötzlichen Verringerung des Gefässinhalts nicht mehr mit Erfolg arbeiten kann. Die in solchen Fällen in den Gefässen noch vorhandenen Blutreste wären im Stande, das Leben wenigstens nothdürftig noch eine Weile zu fristen, wenn man sie nur in Bewegung brächte, wenn man die mechanischen Bewegungen für den Kreislauf herstellte." — In welcher Weise Goltz sich den günstigen Einfluss der Transfusion auf die Mechanik der Blutcirculation interpretirt, wird zwar nicht mit ausdrücklichen Worten angegeben, doch dürfen wir aus der unmittelbar vorhergehenden Stelle (p. 30) wohl schliessen, dass er sich diese Wirkung folgendermaassen vorstellt: Durch die vermehrte Spannung des Gefässinhalts wird zunächst der Gefässtonus in mächtiger Weise angeregt; es findet daher eine tonische Zusammenziehung sämmtlicher contractilen Gefässe statt, wodurch die Blutbewegung und in Folge dessen secundär auch die Herzaction wiederhergestellt wird. — Wäre diese Hypothese richtig, so käme es nur auf die vermehrte Anfüllung des Gefässsystems, nicht auf die specifische Wirkung gewisser Blutbestandtheile bei der Transfusion an; es wäre daher eventuell ein günstiger Effect auch dann denkbar, wenn nicht Blut, sondern ein an sich indifferentes (und natürlich unschädliches) Fluidum zur Einspritzung benutzt würde. Goltz selbst proponirt zu diesem Zwecke eine mit Luft durchschüttelte Eiweisslösung von der Concentration des Blutes, und ist von der (vorübergehenden oder auch dauernden) Wirksamkeit einer solchen Injection „fest überzeugt". Die Unwirksamkeit der Transfusion bei Anwendung venösen oder mit Kohlensäure gesättigten Blutes würde man nach dieser Hypothese weniger von dem Sauerstoffmangel, als von dem direct deletären Einflusse des erstgenannten Gases ableiten müssen. —

Die Schwierigkeiten, welche der Goltz'schen Hypothese von vornherein entgegenstehen, sind nicht zu verkennen, indem namentlich die Erscheinungen, welche man beim Absterben anämisch gemachter Thiere beobachtet (s. unten), darauf hinweisen, dass der Tod derselben asphyctisch durch den plötzlich herbeigeführten Sauerstoffmangel (und vielleicht gleichzeitige

Kohlensäurevergiftung), somit primär durch Respirationslähmung erfolgt, und die Störungen der Blutbewegung, der Herzaction erst secundär einige Zeit nach dem Aufhören der Athmung ihren Culminationspunkt erreichen Andererseits wäre eine directe Bestätigung der von Goltz geäusserten Vermuthung für die Praxis der Transfusion von eingreifendster Wichtigkeit, indem bei derselben eine leicht darzustellende und aufzubewahrende Eiweisslösung statt des schwer und in jedem Falle frisch zu beschaffenden Blutes verwandt werden könnte. Wir unterzogen daher die Goltz'sche Hypothese einer experimentellen Prüfung, indem statt des fibrinirten Blutes anderweitige (nicht deletäre) Flüssigkeiten zur Injection in den Kreislauf benutzt wurden. — Vor genauer Beschreibung dieser Versuche sind jedoch einige Bemerkungen über das dabei eingehaltene Verfahren und die Modalitäten der Transfusion bei anämisch gemachten Thieren im Allgemeinen erforderlich.

Alle Versuche dieser Reihe wurden an Kaninchen angestellt. Zur Blutentziehung diente in der Regel die eine Art. carotis comm., und es wurde die Blutung aus derselben so lange unterhalten, wie überhaupt etwas abfloss; ausserdem wurde in einigen Fällen auch noch die V. jugularis ext. geöffnet, so dass die Gesammtquantität des abgelassenen Blutes wohl das Maximum dessen erreichte, was den Thieren auf experimentellem Wege überhaupt entzogen werden konnte. — Immer wurde derjenige Zustand abgewartet, den man am passendsten wohl als „anämische Paralyse" bezeichnen kann, und der, sich selbst überlassen, dem Tode unmittelbar vorausgeht. Dieses Stadium der Paralyse folgt auf ein primäres Stadium der Irritation, welches sich durch dyspnoetische Erscheinungen und durch die gewöhnlich als „anämische" bezeichneten Convulsionen (deren Deutung noch zweifelhaft ist) in hervorragender Weise markirt. Ist der zu letzteren thätige centrale Bewegungsimpuls abgelaufen, so verfällt das Thier in vollkommene motorische und sensorielle Paralyse; die Cornea reagirt nicht mehr, auch am übrigen Körper ist jede Spur von Erregbarkeit völlig erloschen; es erfolgt Stillstand der Respiration, und endlich auch nach längerer Zeit Stillstand des Herzens, so dass eine in dasselbe eingestochene Nadel keine Pulsationen mehr zeigt. — Durch eine genügende Reihe von Versuchen überzeugten wir uns, dass auf diesem Stadium der Anämie eine spontane Wiederbelebung zu den Unmöglichkeiten gehörte — dass dagegen durch die Transfusion von sauerstoffhaltigem, defibrinirtem Blute Wiederherstellung der Respiration und Erhaltung des Lebens ohne anderweitige functionelle Störungen in fast allen Fällen erfolgte. Zur Transfusion wurde bei diesen Versuchen entweder das dem Versuchsthiere selbst abgelassene Blut wieder benutzt, oder das Blut eines anderen Kaninchens, welches durch Venäsection aus der V. jug. ext. oder durch Anschneiden der sämmtlichen Halsgefässe vorher aufgefangen und in entsprechender Weise präparirt war. Das Blut wurde gleich während des Ausfliessens aus der Ader in der zum Auffangen dienenden Porcellanschale mit einem Glasstabe sorgfältig gerührt und von seinem Faserstoffe vollständig befreit, so dass es eine gleichmässige, lebhaft hellrothe Flüssigkeit darstellte; dann wurde es colirt und bis zur Benutzung im Wasserbade fortdauernd in einer Temperatur von nahezu 30° R. erhalten. Zur Ausführung der Transfusion diente eine, 16 CCtm. Flüssigkeit (= 15,4 Grmm. defibrinirtes Kaninchenblut) fassende Spritze mit genau schliessender, ansteckbarer Canule, die nach vorgängiger peripherischer Unterbindung der Vene in die letztere eingeführt und demnächst mit der Spritze in Verbindung gesetzt wurde.

Als Beispiel mag folgender Versuch dienen.

I. Einem kräftigen Kaninchen von 891½ Grmm. Körpergewicht wurden durch Anschneiden der rechten Carotis 31 Grmm. Blut entzogen, und da nichts mehr ausfloss, das Gefäss mit einer Pincette verschlossen. Das Thier athmete sehr schwach, hatte aber noch keine Convulsionen. Es wurde nun die rechte V. jugularis ext. ebenfalls eröffnet, und durch Streichen und Drükken bei centraler Compression noch etwa 10 Grmm. Blut aus derselben entleert, worauf der Ausfluss stockte, das Thier in Convulsionen verfiel, respirationslos wurde und wie todt, mit völlig aufgehobener Reflexerregbarkeit und nicht mehr äusserlich wahrnehmbarer Herzpulsation, dalag. Von dem zuerst abgelassenen (arteriellen) Blute, welches inzwischen in der oben geschilderten Weise präparirt war, wurde jetzt der Inhalt einer Spritze (also 15,4 Grmm.) in die rechte V. jug. ext. injicirt, wobei noch während der Einspritzung selbst die Respiration, anfangs schwach und unregelmässig, allmälig jedoch verstärkt und in rhythmischer Weise wieder in Gang kam. Die Vene wurde unterbunden und die Hautwunde genäht; das nunmehr losgebundene Thier vermochte sofort zu laufen, war noch matt und träge, zeigte aber im Uebrigen völlige Wiederkehr aller Func-

tionen. — Körpergewicht nach dem Versuche 866½ Grmm. — Es wurden nun bei sonst gleicher Wiederholung des Versuchs dem defibrinirten Blute anderweitige Flüssigkeiten zum Zwecke der Transfusion substituirt, und zwar:
a) Albuminlösung (Hühnereiweiss und Aq. dest. zu gleichen Theilen);
b) mit Luft oder Sauerstoff geschütteltes Serum, aus dem Blute von Kaninchen. *)

II. Einem Kaninchen von 912 Grmm. Körpergewicht wurden durch Oeffnen der linken Carotis und V. jugularis ext. im Ganzen fast 40 Grmm. Blut entzogen, worauf der oben geschilderte Zustand von Paralyse und Respirationslosigkeit nach voraufgegangenen Convulsionen bei demselben eintrat. Es wurden nunmehr 16 CCtm. Albuminlösung in die linke V. jug. ext. injicirt. Ganz im Beginne der Injection zeigten sich vereinzelte Athembewegungen; jedoch erholte sich das Thier nicht wieder, und auch die Einleitung künstlicher Respiration hatte keinen Erfolg mehr. Convulsionen traten während und nach der Einspritzung nicht ein. (Die sogleich vorgenommene Section zeigte bedeutende Blutleere aller Organe der Brust- und Bauchhöhle, sowie des Gehirns, und eine eigenthümlich helle, wässerig seröse Beschaffenheit des in den Lungengefässen enthaltenen Blutes; Herz bereits unerregbar, in demselben keine Luftblasen.)

III. Einem Kaninchen von 904 Grmm. Gewicht wurden, auf gleiche Weise wie dem vorigen, 36 Grmm. Blut entzogen. Sobald das paralytische Stadium eingetreten war, wurden 16 CCtm. Serum (aus frischem Kaninchenblut) in die rechte V. jugularis ext. injicirt, jedoch ohne jeden Effect; Convulsionen traten während der Einspritzung nicht ein. Die nach-

---

*) Versuche der Art sind — ohne die hier vorliegende Frage zu berücksichtigen — mit Serum und überdies mit Wasser schon von Dumas und Prevost, Dieffenbach und Bischoff angestellt worden. Abgesehen davon, dass reines Wasser (wegen seiner Einwirkung auf die noch vorhandenen Blutkörperchen) nicht als eine indifferente Substanz zu betrachten ist, geben auch die Versuche mit Serum, welche negativ ausfielen, keinen schlagenden Beweis, da das hierzu verwandte Serum möglicherweise reich an Kohlensäure gewesen sein kann. Dagegen erhielt Brown-Sequard (s. u.) auch durch Einspritzung von mit Sauerstoff geschütteltem Serum keine Wiederbelebung.

träglich vorgenommene Transfusion von defibrinirtem Blute kam zu spät und rief zwar noch vereinzelte, tiefere Athembewegungen, aber keine dauernde Wiederbelebung mehr hervor; auch Einblasungen in die geöffnete Trachea blieben erfolglos. Bei der Section fanden sich die verschiedenen Organe noch ziemlich blutreich; das Herz unerregbar, nicht lufthaltig. — Dasselbe Ergebniss lieferten Versuche, bei denen das zur Einspritzung benutzte Serum vorher mit atmosphärischer Luft oder Sauerstoff geschüttelt wurde (wie dies auch schon Brown-Sequard mit ebenfalls negativem Erfolge gethan hat).

Es wurde nun ferner zu der Transfusion Blut angewandt, welches durch Schlagen defibrinirt und hellroth gemacht, nachträglich aber so lange mit Kohlensäure geschüttelt war, bis es eine schwärzlich venöse Färbung annahm. Auch in diesen Fällen war der Effect in Bezug auf die Wiederbelebung ein durchaus negativer; allein es zeigte sich gegenüber den erstbeschriebenen Versuchen der auffallende Unterschied, dass die Injection von mit Kohlensäure gesättigtem Blute fast regelmässig dyspnoetische Athembewegungen und häufig allgemeine Convulsionen hervorrief, während diese Erscheinungen bei der Injection von Blutserum oder Albuminlösung niemals auftraten. — Auf diesen, für die Theorie der Transfusion und der Anämie überhaupt nicht unwichtigen Umstand werden wir weiter unten zurückkommen. — Direct ergab sich aus den bisher angeführten Versuchen zunächst eine Widerlegung der Goltz'schen Hypothese, und eine Bestätigung der schon früher geltend gemachten Ansicht, dass es bei der wegen acuter Anämie unternommenen Transfusion vor Allem auf die Gegenwart von rothen Blutkörperchen und von Sauerstoff in der transfundirten Flüssigkeit ankomme. Indifferente Fluida, die weder Sauerstoff, noch Blutkörperchen enthielten (Eiweisslösung, Serum) — Fluida, die zwar freien Sauerstoff, aber keine Blutkörperchen enthielten (mit Sauerstoff geschütteltes Serum) — und Blut, welches zwar rothe Blutkörperchen, aber wenig oder gar keinen Sauerstoff enthielt, zeigten sich in gleicher Weise unzureichend. Es lässt sich demnach wohl behaupten, dass die Transfusion unter den angegebenen Verhältnissen nicht wesentlich und jedenfalls nicht ausschliesslich dadurch wirken kann, dass sie die Füllung der Gefässräume verstärkt und so die mechanischen Kreislaufsbedingungen verbessert. Vorzugsweise muss vielmehr der Einfluss der oben genannten Blutbestandtheile auf diejenigen Theile des Nervenapparates in Betracht kommen, welche für die ungestörte Fortdauer der vitalen Functionen von eingreifendster Wichtigkeit sind, namentlich die Centralheerde der Respiration in der Medulla oblongata. — Immer markirt sich der günstige Effect der Transfusion zuerst durch die Wiederkehr der erloschenen oder durch die Verstärkung der auf ein Minimum reducirten, rhythmischen Athembewegungen. Es knüpft sich hieran zunächst die Frage, ob diese Erscheinung in einer directen Einwirkung des defibrinirten, sauerstoffreichen Blutes auf das medulläre Respirationscentrum begründet ist — oder ob das zu den Lungen hingelangende Blut primär einen Einfluss auf die peripherischen Vagusendigungen ausübt, wodurch auf reflectorischem Wege eine Herstellung der Athembewegungen stattfindet. Um diese Frage zu entscheiden, wurden die Versuche mit Transfusion defibrinirten, sauerstoffreichen Blutes in der Art abgeändert, dass unmittelbar vor der Einspritzung beide Nn. vagi am Halse durchschnitten wurden.

IV. Einem Kaninchen von 820 Grmm. Gewicht wurde zuerst der linke Vagus durchschnitten, darauf eine Blutentziehung von ca. 24 Grmm. aus der linken Carotis gemacht. Convulsionen, Stadium paralyticum, Respiration nur noch vereinzelt. Jetzt wurde der rechte Vagus durchschnitten, und sogleich eine Transfusion von einer Spritze (= 15,4 Grmm.) in die linke V. jug. ext. gemacht. Während derselben erholte sich das Thier sichtlich und fing an, tief und regelmässig zu athmen; doch war diese günstige Wendung nur von sehr kurzem Bestande, indem schon nach 5 Minuten heftige Dyspnoe mit Facialathmen etc. eintrat und der Tod nach 7 Minuten unter asphyctischen Erscheinungen erfolgte.

Ein zweiter Versuch lieferte das gleiche Resultat: das Thier erholte sich während der Transfusion merklich, starb aber nach kaum 10 Minuten unter den Zeichen der Asphyxie.

V. Zum Vergleiche wurden einem Kaninchen von 844 Grmm. Gewicht ca. 29 Grmm. aus der rechten Carotis entzogen und beide Vagi durchschnitten, ohne eine Transfusion vorzunehmen. Unmittelbar nach Durchschneidung des zweiten Vagus entstand heftigste Dyspnoe, und das Thier ging nach kaum einer Minute asphyctisch zu Grunde. — Aus dem letzteren Versuche scheint hervorzugehen, dass bei Thieren, welche durch eine bedeutende

Depletion anämisch gemacht sind, die Vagidurchschneidung in sehr beschleunigter Weise den Tod, unter den gewöhnlichen Erscheinungen der Dyspnoe und Asphyxie, herbeiführt. Dieser Ausgang kann durch die Transfusion etwas verzögert und die Respiration vorübergehend hergestellt werden, wenn man unmittelbar nach Durchschneidung des zweiten Vagus sauerstoffreiches Blut injicirt. Die Transfusion ist also auch nach bilateraler Vagusdurchschneidung noch im Stande, Respirationsbewegungen hervorzurufen; es geschieht dies somit nicht durch Einwirkung auf die peripherischen Endigungen der Nn vagi.

Versuchen wir es, die im Vorstehenden geschilderten Thatsachen für eine Theorie der Transfusionswirkung in der durch Blutungen herbeigeführten acuten Anämie zu verwerthen.

Wahrscheinlich wirkt der mit dem transfundirten Blute eingeführte Sauerstoff direct als erregendes Agens auf verschiedene Theile des centralen Nervensystems — vielleicht auch auf die automatischen Bewegungsganglien des Herzens. (In ersterer Beziehung sind u. A. die neuerdings veröffentlichten Versuche von Setschenow*) von grossem Interesse, insofern hier die Benetzung von Rückenmarks- oder Gehirnquerschnitten mit defibrinirtem, sauerstoffreichem Blute directe Erregung der getroffenen Centra der Reflexaction, resp der Hemmungscentra derselben, und somit bedeutende Reflexsteigerung oder Reflexdepression hervorbrachte.) Indessen diese Möglichkeiten erklären noch nicht die gerade so auffällig und in erster Reihe bei der Transfusion zu beobachtende Wirkung derselben auf die Respiration, deren Wiederherstellung oder Normalisirung geradezu als Maassstab für den erreichten Erfolg angesehen werden kann. In früherer Zeit hatte man es sehr leicht, diese Wirkung zu erklären, da man sich den Sauerstoff ebenfalls als das erregende Agens der Respiration dachte, dessen Mangel daher Stillstand, dessen erneuerte Zufuhr Wiederkehr der Athembewegungen zur Folge hatte. Gegenwärtig wissen wir, Dank den Untersuchungen von Traube, dass der Sauerstoff eine derartige Function nicht ausübt — dass vielmehr das Athmen in einer reinen Sauerstoffatmosphäre Apnoe, in einer sauerstoffarmen und kohlensäurereichen Atmosphäre nach Umständen bald normale, bald

---

*) Ueber die erregende Wirkung des Blutes auf die cerebrospinalen Nervencentra des Frosches. Centralbl. 1865, Nr. 17.

dyspnoetische Athembewegungen hervorruft. Es ist daher entweder die Kohlensäure, oder (worüber bekanntlich noch Meinungsverschiedenheiten herrschen) der Sauerstoffmangel, welcher als der gewöhnliche Reiz für das medulläre Respirationscentrum und als die Ursache der rhythmischen Respirationsbewegungen betrachtet werden muss. (Wir werden auf diese Frage im folgenden Abschnitt noch ausführlicher zurückkommen müssen, können aber schon an dieser Stelle nicht umhin, zu erklären, dass wir uns der vermittelnden Anschauung zuneigen, welche sowohl dem Sauerstoffmangel, als auch der Kohlensäure einen directen Einfluss auf die Athembewegungen zuschreibt) Wie ist es nun in beiden Fällen zu erklären, dass die Zufuhr sauerstoffreichen Blutes bei schon stillstehender Respiration Wiederkehr der Athembewegungen bewirkt, während die Zufuhr kohlensäurehaltigen Blutes dieselben nicht wiederherstellt? — Die naheliegendste Vermuthung scheint uns folgende: Wird durch eine plötzliche bedeutende Depletion, wie sie an den Versuchsthieren, und noch dazu aus den grössten Arterien, vorgenommen wurde, die gesammte und relative Menge des im Blute enthaltenen Sauerstoffs unter ein bestimmtes Minimum herabgesetzt, so muss durch den excessiven Sauerstoffmangel (und vielleicht auch durch die gleichzeitige Kohlensäureanhäufung im Blute) zunächst eine bedeutende Ueberreizung des respiratorischen Centrums der Med. obl. stattfinden. Diese Ueberreizung geht bei weiterem Bestehen in Lähmung und somit, sich selbst überlassen, in dauernden Stillstand der Athembewegungen über, wie wir dies bei anämischen Thieren im zweiten Stadium regelmässig beobachten. Wird zu dieser Zeit ein mit Kohlensäure gesättigtes Blut in grösserer Quantität auf einmal injicirt, so werden die schon bestehenden Ursachen übermässiger Reizung und Lähmung des Respirationscentrums jedenfalls noch bedeutend gesteigert, indem sowohl der relative Sauerstoffgehalt des circulirenden Blutes vermindert, als der relative und absolute Kohlensäuregehalt desselben erheblich vermehrt wird. — Wird dagegen rechtzeitig eine genügende Quantität sauerstoffreichen Blutes in den Kreislauf geworfen, so wird die zur Lähmung führende Ueberreizung zwar nicht gänzlich aufgehoben (wodurch Apnoe entstehen müsste), aber auf das Stadium des normalen Reizes herabgesetzt, so dass von Neuem Respirationsbewegungen eintreten. Nach den zuletzt angeführten Versuchen übt das transfundirte Blut diesen Einfluss vermöge directer Einwirkung auf die Med obl. nicht reflectorisch von den Vagusendigungen aus, womit bekanntlich auch die anderweitigen Ergebnisse Rosenthal's und anderer Forscher der Mehrzahl nach übereinstimmen.

Können wir auch hiernach die Wirkung des Sauerstoffs bei der Transfusion einigermassen erklären, so ist doch damit noch nicht nachgewiesen, welche Rolle die rothen Blutkörperchen dabei spielen, deren Gegenwart, wie es scheint, ebenso nothwendig ist, wie die des Sauerstoffs, da nach Brown-Sequard's und unseren Versuchen selbst sauerstoffreiches Serum keine Wiederbelebung herbeiführt. Es wäre einstweilen eine müssige Spielerei, die hier denkbaren Hypothesen (z. B. die nothwendige Organisirung des Sauerstoffs durch die rothen Blutkörperchen!) weiter zu verfolgen.

Dagegen lässt sich über die Einwirkung der Kohlensäure vielleicht schon aus den bisherigen Versuchen ein etwas bestimmterer Schluss ziehen. Bereits Brown-Sequard erwähnt, dass bei Injection kohlensäurereichen Blutes Convulsionen auftreten, und ist geneigt, dieselben der direct irritirenden Wirkung zuzuschreiben. Panum verwirft diese Erklärung: die von Brown-Sequard beobachteten „Reizungserscheinungen" sind nach ihm nicht durch den positiven Reiz der Kohlensäure, sondern durch den Mangel der zur Unterhaltung der Functionen geeigneten Blutzufuhr, also auf rein negative Weise, hervorgerufen. Die Kohlensäure wirkt, nach Panum, nicht als Reiz, weder auf Nerv noch Muskel, auch nicht auf das Herz; sie ruft keine Zuckung hervor, sondern lähmt in sehr kurzer Zeit, ohne vorhergehende Reizung, die Muskeln." — Wäre die Panum'sche Auffassung richtig, so müssten nach der Injection von Albuminlösung oder von Serum eben so gut Convulsionen auftreten, wie nach der Transfusion von venösem oder mit Kohlensäure gesättigtem Blute. Indessen ist das, wie unsere Versuche zeigen, niemals der Fall: nachdem vielmehr die zuerst auftretenden „anämischen" Convulsionen abgelaufen und die Thiere in Respirationslosigkeit und Paralyse verfallen, werden durch Injection von Serum oder Albuminlösung keine Convulsionen mehr ausgelöst, während dieselben bei der Transfusion carbonisirten Blutes fast mit Sicherheit auftreten. Die vereinzelten Ausnahmen von dieser Regel lassen sich durch die bereits zu weit herabgesetzte Reizbarkeit der Nervencentra sehr einfach erklären.) Es scheint also, obigen Versuchen zufolge, dass die Kohlensäure es ist, welche durch — directe oder reflectorische — Erregung motorischer Nervencentra, die unter den geschilderten Umständen auftretenden Convulsionen herbeiführt. Wir möchten vermuthen, dass auch die dem früheren Stadium angehörigen Convulsionen, welche man gewöhnlich als „anämische" bezeichnet und von einer verminderten Blutzufuhr zu den basalen Gehirntheilen ableitet, auf einer directen Reizung durch die im Blute sich anhäufende Kohlensäure beruhen und somit als „dyspnoetische" gedeutet werden müssen. Der Gehalt des Blutes an Kohlensäure ist in diesen Fällen nicht nur relativ vermehrt durch die bedeutende Depletion arteriellen Blutes, sondern er wird auch fort und fort absolut gesteigert, indem wegen der darniederliegenden Circulation die Arterien leer, die Venen verhältnissmässig stark gefüllt bleiben, und bei der verminderten Blutbewegung in den Lungen auch die Abfuhr der Kohlensäure durch dieselben nur sehr unvollkommen stattfinden kann. Doch geben wir die ausgesprochene Ansicht, soweit sie die anämischen Convulsionen betrifft, nur als Vermuthung, der einstweilen noch die experimentelle Bestätigung mangelt.

II. Die Transfusion mit gleichzeitiger Depletion bei akuten Vergiftungen, oder die Substitution eines normalen Blutes an Stelle des mit den toxischen Substanzen imprägnirten.

Die Grundidee, welche uns leitete, die Transfusion in ausgedehntem Masse als ein Heilmittel auf dem Gebiete der akuten Intoxikationen in Anwendung zu bringen, ist folgende. Die toxischen Substanzen, welche ihre nachtheiligen Einflüsse auf den Körper entfalten, wirken in der Weise, dass dieselben zuerst in das Blut aufgenommen werden und mit dem Blute zu jenen Orten hingeführt werden, auf welche sie vornehmlich ihre deletären Einflüsse geltend machen. Hierbei ist es gleichgültig, ob die giftige Substanz sofort direct in die Gefässe infundirt wird, oder ob sie vom Magen, Darm, den Lungen, von Wundflächen aus, oder nach stattgehabter subcutaner Injection zur Resorption kommt. Sobald das Gift einmal in die Blutmasse übergegangen ist, ist den schädlichen Wirkungen in der Regel nicht mehr wirksam zu widerstehen. Indessen wir werden im Stande sein die nachtheiligen Einflüsse des Giftes zu eliminiren, wenn wir die Blutmasse, welcher das Gift beigemengt ist, aus dem Körper entfernen und an die

Stelle derselben ein normales Blut in die Gefässe einführen. Kommt das Gift, wie es oft der Fall ist, nach und nach zur Resorption, so wird eine wiederholte Substitution eines normalen Blutes nothwendig sein, so oft nämlich die bedrohlichen Symptome ihren Höhepunkt zu erreichen scheinen. Es bedarf hier gleichsam einer wiederholten Ausspülung des Gefässsystemes mittelst eines normalen Blutes. Von diesem Gesichtspunkte aus muss die Transfusion mit gleichzeitiger Depletion als ein Summum remedium betrachtet werden und sie verdient es in umfassendem Masse in die Praxis eingeführt zu werden, zumal ja in den allermeisten Vergiftungsfällen, in denen ein Uebergang in das Blut bereits stattgefunden hat, der Arzt die Hände in den Schooss legen musste, da in der That kein Rettungsmittel mehr zu versuchen war.

Wir haben es daher der Mühe werth gehalten, in einer Reihe der verschiedenartigsten Vergiftungen unser -bezeichnetes Verfahren in Anwendung zu ziehen, um die günstigen Wirkungen desselben zu erproben.

1. **Die Vergiftung durch Kohlensäure und der Mangel an Sauerstoff.**

Als die erste Intoxikation wählten wir die Vergiftung in Folge des gestörten normalen Gasgehaltes des Blutes, die man entweder von der Ueberladung des Blutes mit CO^2 ableitet oder in Folge von Mangel an O entstehen glaubt. Dieselbe wird sehr oft Gegenstand der ärztlichen Behandlung als Asphyxie, hervorgerufen durch die verschiedensten Ursachen; sie tritt dem Arzte entgegen bei einfach Erstickten, bei Ertrunkenen, bei Erhängten und Erdrosselten und endlich bei scheintodten Neugeborenen. Die Erscheinungen der Asphyxie sind hinreichend bekannt, als dass man noch nöthig hätte, dieselben hier zu entwickeln, anders verhält es sich indess mit der Frage, welches die eigentliche Ursache der Asphyxie sei, die CO^2 Ueberladung, oder der O-Mangel. Die Practiker haben sich mit dieser theoretischen Frage nicht abgegeben, sie sprechen gemeiniglich von Kohlensäureintoxikation, während die Physiologen sich namentlich in der letzten Zeit vielfach mit der Lösung dieses Problems befasst haben. Die vielfachen Versuche der Forscher haben hier zu abweichenden Resultaten geführt und so wie die Sachen jetzt stehen, lässt sich mit unbedingter Sicherheit bis jetzt noch keine Entscheidung fällen. Traube hatte zuerst die Behauptung aufgestellt, dass die CO^2 das wirksame Agens beim asphyktischen Tode sei. Er suchte dies dadurch zu beweisen, dass er Thiere H-Gas athmen liess und er will hier beobachtet haben, dass in diesem, an O absolut armen, Gase die Athmung eine Zeit lang völlig ungestört erhalten blieb. Diese Thatsache benutzte er zu dem Beweise, dass nicht der O-Mangel, sondern die Ueberladung des Blutes mit CO^2 die Ursache des asphyktischen Todes sei. Die Versuche von Krause, Thiry, Rosenthal und Dohmen hingegen haben ergeben, dass wenn Thiere reines H athmen, stets heftige Dyspnoe und endlich Asphyxie eintritt. Wir haben diese Versuche wiederholt und können für die Richtigkeit des Resultates einstehen. Wir benutzten zu diesen Versuchen kleine Kaninchen, die unter eine mit H gefüllte, mit Wasser abgesperrte, Glasglocke gesetzt wurden. Es mögen hier einige Beispiele folgen. — Bei dem ersten eingesetzten Kaninchen traten schon nach 15 Sekunden nach vorangegangener lebhafter Dyspnoe, Convulsionen und völliger Herzstillstand*) ein. Nach 50 Sekunden hörte die Athmung auf; nach 2 Minuten zählte man 14 schwache Pulse, keine Respirationen; nach 3 Minuten 15 Pulse und 1 Respiration; nach 4 Minuten 13 Pulse und 2 höchst oberflächliche Respirationen. Die Respiration hörte fortan völlig auf, nach 19 Minuten machte das Herz nur noch 3 äusserst schwache Vorhofscontractionen.

Bei einem zweiten Thiere hörte eine halbe Minute nach dem Einsetzen die Athmung und die Herzthätigkeit auf; es traten Convulsionen auf und die neu angefachte Herzthätigkeit war nur von kurzem Bestande.

Bei einem dritten Thiere hörte nach $1\frac{3}{4}$ Minute die Athmung nach einigen dyspnoetischen Athemzügen auf, nachdem der vorübergehende Herzstillstand schon vorher beobachtet war. Völliger Tod war nach 5 Minuten eingetreten.

Bei einem vierten Thiere trat der Tod bereits nach Einer Minute ein nach vorhergegangener Dyspnoe, Convulsionen und Herzstillstand. Aeusserst schwache Herzschläge, 13 an der Zahl, wurden nach $2\frac{1}{4}$ Minute nach dem Einsetzen beobachtet.

Bei einem fünften Kaninchen traten nach Einer Minute Dyspnoe, Convulsionen und kurz anhaltender Herzstillstand ein. Nach 2 Minuten 1 Athemzug bei 6 schwachen Herzcontractionen;

---

*) Vergl. über den bei Asphyktischen eintretenden, von Landois entdeckten, Herzstillstand. Berliner klinische Wochenschrift 1864 Nr. 10.

völliger Tod nach $9\frac{1}{2}$ Minute bei 9 kaum merklichen Herzschlägen.

Es wird nicht nöthig sein, die Zahl dieser Versuche noch zu vermehren, zumal sie mit den Experimenten der vorerwähnten Forscher übereinstimmen. Es treten also in reinem H sehr schnell die Erscheinungen der Asphyxie hervor, die Athembewegungen werden dyspnoetisch und hören bald auf und die Herzcontractionen nehmen in kurzer Frist bis zum völligen Herzstillstand an Zahl ab, gerade wie bei erstickten Thieren, bei denen Einer von uns zuerst, vor Thiry, diese Erscheinung beschrieben hat*). Manche Forscher haben nun aus diesen Versuchen den Schluss gezogen, dass die Erscheinungen der Asphyxie durch den Sauerstoffmangel hervorgerufen würden. Gegen diese Interpretation des H-Versuches ist Thiry**) aufgetreten. Wenn auch, — so behauptet dieser Forscher, — bei H-Athmen Dyspnoe entsteht, so erklärt sich dies dadurch, dass das H nicht im Stande ist, die im Blute sich anhäufende CO^2 beim Athemprozess auszutreiben. Er stützt sich hierbei auf die Versuche von Schöffer, Holmgren und Preyer und behauptet, die CO^2 sei es, welche die asphyktischen Erscheinungen hervorrufe. Diesen Ausführungen könnten wir unsere Versuche mit Kohlenoxydgas entgegenstellen. Werden Thiere in eine CO- reiche Atmosphäre gebracht, die arm an O ist, so entstehen sehr bald die Zeichen von Dyspnoe. Das CO ist aber sehr wohl im Stande, beim Athemprozess die CO^2 aus dem Blute zu vertreiben und man könnte somit annehmen, dass in der That hier der O-Mangel die dyspnoetischen Erscheinungen hervorrufe. Aber wir wissen nun wiederum nicht, ob nicht das in das Blut aufgenommene CO direkt so auf die centralen Nerventheile wirkt, dass die Erscheinungen der Asphyxie hervortreten. Endlich hat Dohmen***) die Frage zu lösen versucht. Er fand, dass bei Athmung von Gemengen CO^2 und O, welche mehr O enthielten, als die atmosphärische Luft, sich die Athmungsgrösse und Tiefe bis zur doppelten der normalen steigert Später sinkt sie unter den normalen Werth, aber das Thier bleibt sehr lange am Leben. Da nun hierbei das Thier stets O genug erhält, so muss

---

*) Vergl. Landois, Allgem. medicin. Centralzeitung, 7. November 1863. —
**) Cfr. Centralblatt f. d. medicin. Wissenschaften 1865, No. 39.
***) Unters. aus dem physiol. Laborat zu Bonn 1865.

sowohl die Steigerung, als auch das spätere Sinken Wirkung der CO^2 sein. Dohmen kommt daher zu dem Schluss, dass die CO^2 in diesen Versuchen erregend auf die Athmungscentra und endlich lähmend wirke. Da er nun auch bei II-Athmen dyspnoetische Erscheinungen auftreten sah, so erklärt er sich dahin, dass sowohl die CO^2, als auch der O-Mangel die Asphyxie hervorrufen könne. Wenngleich wir uns der letzten Ansicht anschliessen, so glauben wir dennoch, dass die Akten über diesen Gegenstand noch nicht zum definitiven Abschluss gekommen sind.

Angenommen also der asphyktische Tod werde herbeigeführt durch die Ueberladung des Blutes mit CO^2 und durch den Mangel an O in demselben, so wird die Behandlung der Asphyktischen dahin gerichtet sein müssen, das Blut des Körpers wiederum mit O zu imprägniren und seiner übermässigen CO^2 zu entledigen. Bis jetzt hat man auf drei verschiedene Weisen dieser Indikation zu genügen gesucht:

1) man hat versucht sowohl reflektorisch durch Reizungen der Gefühlsnerven des Körpers, als auch namentlich direkt durch Reizung der Athemnerven Athembewegungen hervorzubringen;
2) man hat passive künstliche Respirationen vorgenommen, entweder durch abwechselnde Compression und Relaxation des Brustkorbes, oder durch direktes Einblasen von Luft in die Lungen;
3) man hat starke Blutentziehungen veranstaltet und so eine Menge CO^2 und das O- arme Blut theilweise von den centralen Nerventheilen abgeleitet.

Alle diese Versuche sind durchaus rationell und sie haben ihre guten Erfolge aufzuweisen, aber offenbar genügen wir der Indicatio causalis viel schneller, direkter und vollkommener, wenn wir das durch seinen abnormen Gasgehalt giftig wirkende Blut theilweise aus dem Körper entleeren und O reiches wiederum in die Adern einspritzen Die Einleitung künstlicher Athembewegungen, bis jetzt das vortrefflichste und zuverlässlichste Mittel zur Wiederbelebung Asphyktischer, wirkt in der Weise, dass bei den Athembewegungen der O der atmosphärische Luft in die Lungen eindringt und das Blut in denselben decarbonisirt und arterialisirt. Die künstliche Respiration kann aber nur dann noch wirksam sein, wenn nicht die Herzthätigkeit bereits auf ein Minimum gesunken ist, wenn das Herz noch die Fähigkeit besitzt, das hellroth gemachte Blut von den Lungen aus zu den centralen Nervencentren hin zu befördern, durch deren Ueberreizung Stockung in den vitalen Prozessen hervorgerufen worden ist. Wird aber direkt hellrothes Blut von den Venen her in das Herz gespritzt, so ist dasselbe im Stande, die selbst schon gesunkene Herzthätigkeit wiederum aufs Neue zu beleben. Es ist ersichtlich, dass wenn wir einen Asphyktischen mit künstlicher Respiration und mit Injectionen O haltigen Blutes behandeln, wir bei letzterer Behandlung um einen grossen Schritt voraus sind. Es verdient daher in verzweifelten Fällen die letztere Behandlung den unbedingten Vorzug.

Wir haben durch höchst einfache Experimente das hier Entwickelte zu bestätigen gesucht. Kaninchen, denen vorher die Vena jugularis externa blosgelegt worden war, wurden einfach durch Erstickung getödtet und sodann wurden an denselben Wiederbelebungsversuche angestellt. Hierbei zeigte sich, dass die Wiederbelebung durch Einspritzung arterialisirten Blutes nach reichlichem Aderlasse noch in allen Fällen gelang, in denen künstliche Respirationen, auf verschiedene Weise eingeleitet, nicht mehr belebend zu wirken vermochten.

Die Wichtigkeit für die Praxis leuchtet von selbst ein. Wir empfehlen unsere neue Behandlungsweise auf das Eindringlichste bei allen schwereren Formen der Asphyxie, namentlich auch dem Geburtshelfer zur Rettung tief scheintodter Neugeborner. Man mache zunächst dem Asphyctischen einen reichlichen Aderlass und schreite sofort zur Transfusion. Dass man bei diesen Versuchen vor allen Dingen recht hellrothes Blut haben müsse, leuchtet von selbst ein. Nebenher, d. h. vor und nach der Operation, sollen auch die andern Wiederbelebungsmittel in Anwendung kommen: Hautreize, Faradisation der Zwergfellsnerven, künstliche Respiration, Entfernung von Flüssigkeiten, Schleim, Blut etc. aus den Luftwegen. Denn es handelt sich am Krankenbette nicht darum, zu diskutiren, welches Rettungsmittel das meiste vermöge, wie wir es im physiologischen Laboratorium ausprüfen sollen, sondern nur darum, durch Anwendung aller Hülfsmittel, der besten voran, die Rettung des Lebens anzustreben. Nur warte man mit der Transfusion nicht zu lange, da von Sekunde zu Sekunde die vitalen Centren ohne O in stets grössere Reizlosigkeit verfallen.

Besondere Beachtung verdient noch der Scheintod der Neugeborenen. Es ist das Verdienst von Pernice*), im Anschlusse an die von Schwartz entwickelten Ansichten über die Todesart der Neugebornen, den unanfechtbaren Beweis geliefert zu haben, „dass, wenn ein Kind scheintod geboren wird, der Grund in einer die freie Cirkulation und den Gasaustausch in der Plazenta hindernden Ursache liegt. Entweder ist die Blutquantität der Mutter zu unbedeutend und die Kraft des Herzens zu gering, die Plazenta gehörig zu versorgen, oder durch Respirationsanomalien der Mutter wird die Oxydation in ihrer Lunge nicht ausreichend herbeigeführt (Eklamspie); oder es wird durch fortgesetzte Contraction des Uterus, Ablösung der Plazenta in grösserem Umfange, Verkleinerung der Gebärmutter hinter der Frucht der Zutritt des Blutes nach den fötalen Gefässen gehemmt, oder endlich, wie bei Compression, Darmschlingung und Zerreissung der Nabelschnur der Zutritt des oxydirten Blutes zum Kinde erschwert oder unmöglich gemacht. Das sind die Ursachen des Scheintodes."

Der Practiker steht somit bei der Behandlung der scheintodten Neugebornen denselben Indicationen gegenüber, wie bei anderen Asphyctischen. Als die vorzüglichsten Methoden, um den O der Luft dem Blute mitzutheilen, betrachtet man, nach vorheriger Entfernung von Schleimmassen aus Mund- und Nasenhöhe, folgende: Man sucht entweder durch Reizungen der sensitiven Nerven reflectorisch Athembewegungen auszulösen, oder man reizt elektrisch die Nn. phrenici und ihre Genossen am Halse (Pernice), oder man bläst direct Luft in die Lungen ein (Hüter), oder man bewirkt abwechselnde Compression des Thorax, entweder direct mit den Händen, oder durch das eigene Körpergewicht beim Hin- und Herwälzen des Leibes (Marshall Hall, Spiegelberg). Aber bei den tiefsten Formen des Scheintodes, bei denen diese Behandlung sich unzureichend erweist, bleibt die Transfusion als letztes wichtiges Mittel übrig. Die Reizbarkeit der Medulla oblongata ist bei jungen Thieren und voraussichtlich auch bei Menschen eine bedeutend länger anhaltende, als bei erwachsenen, wie uns vielfältige Beobachtungen gezeigt haben. Es ist daher bei scheintodten Neugebornen immer noch Rettung zu erwarten, wo bei Erwachsenen vielleicht keine Hoffnung mehr vorhanden ist. Nichts desto weniger glauben wir, dass man gut thun wird, al-

---

*) Greifswalder medic. Beiträge II. 1863.

lemal, wenn ein tief scheintodtes Kind geboren wird, recht bald an die Bereitung von hellrothem Blute und die Vorkehrungen zur Transfusion zu denken. Auch hier giebt es ein „zu spät", welches, wie wir glauben, durch eine Transfusion, die hier ganz ohne grosse Umstände gemacht werden kann, abgewandt werden kann. **Man mache in die Nabelvene eine Injection von einer halben Unze recht hellen Blutes und lasse aus den Nabelarterien (wenn nicht gerade Anämie vorhanden ist), eine entsprechende Menge Blutes abfliessen.** Diese Prozedur kann einige Male nach einander ausgeführt werden, während man in den Pausen, sowie vor und nach der Transfusion die anderen Hülfsmittel in Anwendung ziehen kann. Ueber die günstigen Wirkungen dieser Behandlung der scheintodten Neugeborenen stehen uns keine Belege zur Seite, aber es wäre sehr wünschenswerth, wenn von den Gebäranstalten aus zuerst dieses Mittel einer Prüfung unterworfen würde. Ueber die hierzu nöthige Spritze und Canüle siehe den practischen Theil dieser Arbeit.

2. Die Vergiftung durch Kohlenoxydgas.

Als einen zweiten Repräsentanten der gasigen Gifte nahmen wir bei unseren Versuchen das Kohlenoxydgas (CO). Bevor wir zu der Schilderung unserer Versuche selbst übergehen, erscheint es nothwendig, die Wirkung des CO auf das Blut zu besprechen, denn erst nach Kenntnissnahme dieser werden sich die leitenden Gesichtspunkte, welche unseren gesammten therapeutischen Eingriffen vorschwebten, klar darstellen lassen. — Nachdem Lothar Meyer*) nachgewiesen hatte, dass der im Blute enthaltene Sauerstoff zum weitaus grössten Theile nicht im eigentlichen Sinne des Wortes „absorbirt", sondern chemisch, wiewohl nur sehr locker gebunden sei, hatte F. Hoppe**) durch seine Versuche es sehr wahrscheinlich gemacht, dass das Verhalten des CO im Blute ein durchaus ähnliches sei; dieser Umstand bewog L. Meyer***), die Einwirkung des CO auf das Blut nochmals einer Untersuchungsreihe zu unterwerfen, und er suchte mittelst des Absorptiometers die Menge des vom Blute aufgenommenen CO zu bestimmen, ferner die Abhängigkeit dieser Menge vom Drucke des freien Gases und endlich das Ver-

---
*) Zeitschrift f. ration. Medicin. Neue Folge. Bd. VIII. p. 256.
**) Virchow's Archiv Bd. XI. u XIII.
***) Zeitschrift f. rat Med. 3. Reihe Bd. 5. 1859.

halten des Blutes gegen ein Gemenge von O und CO. Er kam bei dieser Versuchsreihe nun zu folgenden höchst wichtigen Resultaten: Er fand, dass die Menge des vom Blute aufgenommenen CO in ähnlicher Weise vom Drucke unabhängig ist, wie das O, dass also das CO gerade so wie das O durch chemische Kräfte im Blute zurückgehalten werde. Es ergab sich ferner, dass ein und dasselbe Blut mit CO oder mit O geschüttelt gleiche Volumina dieser Gase aufnehme, dass demnach die vom Blute aufgenommenen Mengen O und CO im einfachen Atomverhältnisse stehen, wonach es wahrscheinlich ist, dass beide Gase von ein und demselben Bestandtheile des Blutes gebunden werden. Weiterhin stellte sich heraus, dass der im Blute chemisch gebundene O durch CO vollständig ausgetrieben und durch ein gleiches Volumen dieses Gases ersetzt werden kann, dass somit im Blute eine Substanz enthalten ist, welche die merkwürdige Eigenschaft besitzt, sich sowohl mit CO als auch mit O direct zu verbinden. Die tödtliche Wirkung des CO erklärt sich also in sehr einfacher Weise so, dass jedes in der Lunge mit dem Blute in Berührung kommende Theilchen CO ein gleiches Volumen O aus dem Blute verdrängt, bis die übrig bleibende Menge O nicht mehr ausreicht, das Leben zu unterhalten. Cl. Bernard fand bei seinen Versuchen, dass ein mit CO vollständig gesättigtes Blut nur den fünften Theil von O aufzunehmen vermag, den es unter normalen Verhältnissen zu binden im Stande ist. Was weiterhin das Verhältniss des Blutkörperchen zu dem giftigen Gase anbetrifft, so hat F. Hoppe nachgewiesen, dass dieselben ausserhalb des Körpers selbst wochenlang weder ihre Form noch Farbe ändern, dass das Blut selbst bei Behandlung mit CO^2 und O, sowie unter der Luftpumpe seine hellrothe Farbe unverändert beibehält, dass selbst die Fäulniss dasselbe nicht sofort dunkler mache. Endlich hat Cl. Bernard durch Beobachtungen an intoxizirten, jedoch wieder zum Leben gebrachten Thieren gefunden, dass die hellkirschrothe Farbe des Blutes, die allemal zugleich mit der Vergiftung eintritt, nach einiger Zeit zugleich mit Abnahme der toxischen Erscheinungen verschwindet, woraus gefolgert werden muss, dass entweder im lebendigen Körper sich die Blutkörperchen dennoch nach und nach des CO entledigen können, oder dass dieselben mittlerweile zu Grunde gehen und neugebildete an ihre Stelle treten. Pokrowsky[*]) fand, dass bei den sich von der Vergiftung erho-

---

[*]) Virchow's Archiv Bd. 50. 1864.

lenden Thieren in der That das CO aus dem Blute eliminirt wird, aber nicht, wie Cl. Bernard behauptete, als CO, sondern zu CO^2 oxydirt. Ein Thier ist im Stande, innerhalb einer gewissen Zeit eine bestimmte Menge CO in seinem Blute zu CO_2 zu verbrennen und so zu eliminiren. Es hängt daher die Gefahr des CO von dem Gehalte der eingeathmeten Luft an CO ab, welches über ein gewisses Maass hinaus der Organismus nicht mehr zu verarbeiten im Stande ist. Daher tritt bei einem Thiere, welches eine COreiche Luft athmet, der Tod eher ein, als bei einem andern, welches geringe Prozente des giftigen Gases in sich aufnimmt, selbst wenn ersteres im Ganzen eine geringere Menge CO geathmet hat, als letzteres.

Diesen Beobachtungen zufolge ist das CO ein Gift, welches mit grosser Hartnäckigkeit den Blutkörperchen anhaftet, dessen sich der Organismus zwar unter Umständen in geringem Maasse allmählich entledigen kann, zu dessen Entfernung aus dem Blute wir aber bis jetzt kein Mittel besitzen. Diese Anschauung ist für die Bestimmung der therapeutischen Eingriffe selbstverständlich von der grössten Wichtigkeit. Nicht minder wichtig ist es aber auch, nachzuforschen, auf welche Organe und Systeme des Körpers das Gift seine deletären Wirkungen entfaltet. Das CO wirkt nicht auf die peripherischen Ausbreitungen der Bewegungs- und Gefühlsnerven, wie Pokrowsky für letztere Ozanam gegenüber nachgewiesen hat, auch die Muskulatur selbst wird nicht ihrer Contractionsfähigkeit beraubt. Dahingegen liegen die Nervencentren der cerebrospinalen Axe schwer darnieder und mit fortschreitender Intoxikation tritt allmählich völlige Paralyse der Nervencentra ein. Bewusstlosigkeit und Coma treten auf, die willkürlichen Bewegungen sind unmöglich. Die Reflexaction ist beeinträchtigt und später aufgehoben, die Athmung wird seltener und erlischt endlich völlig, sobald das verlängerte Mark mit in die Lähmung hineingezogen wird, die Herzcontractionen werden zwar verlangsamt, aber sie sind relativ nur wenig gestört, so lange nicht mit dem Tode die allgemeine Paralyse eintritt. Aber eine Erscheinung im Gebiete der Kreislaufsvorgänge ist von Wichtigkeit; es ist der ausserordentliche Abfall des Druckes im Arteriensysteme, die geringe Füllung des linken Herzens und der Arterien überhaupt. Pokrowsky nimmt als Grund dieser Erscheinungen, die er genauer studirt hat, die Lähmung des cerebrospinalen Herzcentrums an. Da aber ein solches Herznervensystem nicht existirt, so sind wir auf eine andere Erklärung hingewiesen. Es handelt sich hier offenbar um die Lähmung des spinalen Centrums der sämmtlichen Gefässnerven. Goltz hat den Nachweis geliefert, dass dieselbe ganz die hier geschilderten Erscheinungen bedingt: der Blutdruck sinkt, da der Tonus aufgehoben ist, das Blut sammelt sich in den Venenstämmen an, es fehlt die tonische Spannung der Gefässe, welche es dem Herzen zuführen soll, und in Folge dessen arbeitet das Herz mühsam, langsam, wie ein Pumpenwerk, dem es an einem Objecte zur Fortschaffung fehlt. Dass bei so gestörter Kreislaufsthätigkeit dem Eintreten der Paralyse Vorschub geleistet werden muss, ist ersichtlich und wir werden sehen, wie man sich bemüht hat, von dieser Seite her therapeutisch der CO-Vergiftung entgegen zu wirken.

Da, wie aus den vorstehenden Erörterungen hervorgeht, die schädliche Wirkung des CO darin besteht, dass dasselbe eine chemische Verbindung mit dem Hämatoglobulin der rothen Blutkörperchen eingeht und somit die Aufnahme von O in das Blut unmöglich macht, da wir weiterhin kein Mittel besitzen, das giftige Gas aus dem Blute zu entfernen, so wird offenbar der Indicatio causalis bei dieser Intoxikation in direkter Weise entsprochen, wenn wir an die Stelle des CO-haltigen Blutes ein neues O-haltiges substituiren. Zu diesem Zwecke wurde den von uns vergifteten Thieren stets abwechselnd Blut abgelassen und neues O-haltiges von derselben Thierspezies transfundirt. Der Erfolg war ein überaus günstiger, indem Thiere, welche der tiefsten Intoxikation verfallen waren, durch diese Behandlung in kürzester Frist völlig wieder hergestellt wurden.

Die Versuche wurden so angestellt, dass die Thiere (Kaninchen) unter eine Glasglocke gebracht wurden, die ungefähr 10,000 CCmtr. fasste und welche mit einem Gemenge von Luft und $\frac{1}{12} - \frac{1}{8}$ CO angefüllt war. Ein noch reichlicherer Gehalt an CO wurde vermieden, weil die Thiere in einer solchen Atmosphäre zu rapide dem Tode erlagen. Das CO selbst wurde aus Oxalsäure mit Schwefelsäure dargestellt und sorgfältig mit Aetzkali ausgewaschen. Die Thiere blieben nun unter der Glocke, unter welcher ein Kaligefäss zur Aufnahme der ausgeschiedenen CO^2 bereit gehalten wurde, so lange, bis sie unter dem Zeichen allgemeiner Paralyse, oft nach vorhergegangenen Convulsionen und Harn- und Kothabgange, umfielen und respirationslos wurden, was in der Regel nach 2—8 Minuten der Fall war. Alsdann wurden sie herausgenommen und wurden die Wiederbelebungsversuche angestellt. Wir konnten in allen diesen Fällen die stattgehabte, intensive Aufnahme von CO durch die exquisit hellkirschrothe Farbe des aus den Venen abfliessenden Blutes direkt nachweisen. Keines der Thiere erholte sich von selbst an der freien Luft, oder bei Anwendung reichlicher Venäsection, oder bei Einleitung künstlicher Respiration, sei es durch direkte Einblasung von Luft in die durchschnittene und mit einem Blasebalg verbundene Luftröhre, sei es durch faradische Reizung „der Nn. phrenici und ihrer Genossen" am Halse. Folgende Versuche mögen als Belegstücke dienen:

Versuch 1. Ein kleines graues weibliches Kaninchen wird unter die Glasglocke gesetzt, die mit einer Mischung von atmosphärischer Luft und CO zu gleichen Theilen gefüllt ist. Fast augenblicklich nach dem Hineinbringen in den Cylinder stürzt das Thier zusammen, respirirt jedoch anfangs noch ganz normal. Nach kaum 2 Minuten traten heftige dyspnoetische Athembewegungen auf, die Pupillen weit, einzelne Zuckungen. Nach $3\frac{1}{2}$ Minuten wird das Thier herausgenommen, ist respirationslos und hat schwache verminderte Herzschläge. Es wird an die freie Luft gebracht, erholt sich indess nicht wieder. Die Section zeigte eine auffallend hellkirschrothe Färbung der Organe (Leber, Lungen, Herz, Muskulatur) und des Blutes in dem rechten Herzen und den sämmtlichen grossen Venenstämmen, die in ihrer Färbung sich von den arteriellen Gefässstämmen nicht unterscheiden liessen.

Versuch 2. Ein kleines schwarzes Kaninchen wird unter den erwähnten Glascylinder gebracht, der zu $\frac{1}{2}$ seines Raumes mit CO, im Uebrigen mit atmosphärischer Luft gefüllt ist.

(9 St. 55 M.) Nach $\frac{1}{2}$ Minute fällt das Thier auf die Seite hin um, bekommt einzelne Zuckungen, zeigt verminderte Respirationsthätigkeit, anfangs erweiterte, späterhin engere Pupillen.

(9 St. 59 M.) Das Thier, welches nur noch selten und oberflächlich geathmet hat, wird herausgenommen. Dasselbe zeigt (an der Akupunkturnadel) verminderte Thätigkeit. Sofort wird die Faradisation der Nn. phrenici und ihrer Genossen am Halse vorgenommen.

(10 St. 3 M.) Da die Faradisation ohne Einfluss ist, so wird die Trachea quer durchschnitten, und eine mit einem Blasebalge in Verbindung stehende Röhre eingeführt und so direkte Lufteinblasung angestellt. Kein Erfolg sichtsar, das Thier kommt

nicht mehr zu spontanen Respirationsbewegungen, obwohl das Herz noch weiter pulsirt.

(10 St. 15 M.) Bei der Section des Thieres, das bereits in beginnender Todtenstarre lag, fand sich sehr hellkirschrothes Blut im rechten Herzen und in sämmtlichen Gefässen und Organen.

Wurde hingegen bei den in ähnlicher Weise vergifteten Thieren die Einspritzung neuen O-haltigen Blutes vorgenommen, nachdem vorher das mit CO infizirte durch Aderlass theilweise entfernt war, so zeigte sich der schönste Erfolg Von unseren vier Kaninchen erholten sich drei vollständig, das vierte lebte ebenfalls wieder auf, starb aber etwa 20 Minuten nach erfolgter Wiederherstellung (die sich unter Anderem auch durch eine normale Blutfarbe zu erkennen gab) aus durchaus unklarer Veranlassung.

Die Transfusion wurde in diesen Fällen mit einer bedeutenden Depletion verbunden und in einer Weise durchgeführt, die man wohl am Besten als Ausspülung des Blutes, oder auch mit Panum als Substitution desselben bezeichnen kann. Wir verfuhren dabei auf folgende Weise: Bevor das Thier unter die mit dem giftigen Gasgemenge gefüllte Glasglocke gebracht wurde, hatten wir die Vena jugularis externa einer Seite blosgelegt und in einem Abstande von etwa 10 MM. zwei Fadenschlingen durchgeführt. War nun das unter die Glocke gebrachte Thier einer hinreichend tiefen Narkose verfallen, so wurde es hervorgeholt, auf den Rücken gelegt, die centrale Fadenschlinge wurde angezogen und die strotzende Vene zwischen beiden Schlingen geöffnet. Nachdem ein reichlicher Aderlass gemacht war, wurde die centralliegende Schlinge wieder gelockert, dagegen die peripherische angezogen, wodurch die Blutung natürlich stand. Schnell wurde nun durch die Oeffnung des Aderlasses die Kanüle der bereitgehaltenen gefüllten Spritze eingeführt und eine Injection gegen das Herz hin vollführt. Das injizirte Blut war vorher einem anderen gesunden Kaninchen abgelassen worden, durch Schlagen defibrinirt und arterialisirt, sowie durch ein feines Leinentuch colirt und auf 30° R. erwärmt. Nach kurzer Pause wurde nun, und zwar in mehreren Intervallen, stets wieder eine neue Depletion mit folgender Transfusion vorgenommen und zwar so lange, bis das Thier sich vollkommen erholt hatte, bis das vordem hellkirschrothe Venenblut seine normale dunkelblaue Farbe wiederum erhalten hatte, mit anderen Worten, bis das vergiftete Blut durch ein normales, arterielles, mehr wieder vollständig ersetzt war. War dieses erreicht, so wurden beide Fadenschlingen zu je einer Ligatur geschürzt und die kleine Hautwunde wurde mittelst Suturen vereinigt. Die eingespritzte Blutmenge betrug 24 bis 31 Gramm, was etwa $\frac{1}{70}$ bis $\frac{1}{55}$ des Körpergewichts entspricht; — die durch die Venäsection entleerte Quantität betrug mindestens eben so viel, in der Regel noch etwas mehr, da ja geringer Blutverlust ohne Nachtheil ertragen wird. Wir wählten zum Aderlass und zur Transfusion ein und dieselbe Vena jugularis, nicht die der einen Seite zum Aderlass, die der anderen Seite, — was zweckmässig erscheinen könnte, — zur Einspritzung, weil die nothwendige Verbindung dieser beiden grössten Halsvenenstämme zu bedeutende Cirkulationsstörungen im Gehirne zur Folge haben würde, da bekanntlich die venae jugulares internae und die venae vertebrales bei Kaninchen und Hunden bedeutend geringer entwickelt sind, als die äusseren Drosselvenen. Es ist immerhin anzunehmen, dass bei dem einen Kaninchen, welches uns nach der vollzogenen Operation plötzlich starb, und bei welchem eben beide venae jugulares externae in der vorhin angedeuteten Weise in Angriff genommen waren, gerade der Tod durch die gestörte Cirkulation im Gehirne theilweise bedingt worden sei. Zum Belege der vorstehenden Auseinandersetzungen mögen einige Versuche mitgetheilt werden:

Versuch 3. Einem grossen weissen weiblichen Albinokaninchen wird die rechte vena jugularis externa freigelegt und eine doppelte Schlinge darunter durchgezogen. Einem grossen schwarzen Kaninchen wird sodann aus der linken vena jugularis externa ein reichlicher Aderlass gemacht, das Blut defibrinirt, arterialisirt, colirt und auf 30° R. erhalten. (4 S. 7 M.) Das weisse Versuchskaninchen wird unter die Glasglocke gesetzt, welche mit 1 Theil CO und 6 Theilen atmosphärischer Luft erfüllt ist. Das Thier sitzt anfangs ganz behaglich, nach $\frac{3}{4}$ Minuten treten heftige Convulsionen ein, das Thier fällt dann erschlafft auf die rechte Seite und wird asphyktisch. (4 St. 9 M.) Das Kaninchen wird herausgenommen und die Vene zwischen den beiden Schlingen zum Aderlasse weit geöffnet. Darauf wird sofort die Spritze eingeführt und es werden allmählig mit wiederholten Unterbrechungen fast zwei Spritzen voll (also circa 31 Gramm) Blut infundirt, indem inzwischen immer abwechselnd wiederum Blut abgelassen wurde, das zuerst eine ganz hellrothe, allmählig eine dunklere Färbung darbietet.

Nach vollendeter Transfusion doppelte Unterbindung der Vene und Sutur der Hautwunde. Das Thier hat sich vollkommen erholt, läuft sofort umher, setzt sich auf die Hinterbeine, putzt und leckt sich die blutigen Flecken weg, zeigt guten Appetit und vollstes Wohlbehagen noch mehrere Tage nachher.

Versuch 4. Einem grossen männlichen Albinokaninchen wird die rechte Vene jugularis externa blosgelegt, mit zwei Schlingen versehen, und hierauf wird das Thier unter die Glocke gesetzt, die mit 1 Volumen CO und 11 Volumina atmosphärischer Luft angefüllt wurde.

(3 St. 43 M.) Das Thier sitzt nach dem Einsetzen anfangs aufrecht, athmet gut; allmählig wird die Athmung oberflächlich und beschleunigt; die anfangs verengte Pupille ist stark erweitert. Nach 5 Minuten ist das Thier sehr apathisch, aber auf Druck noch gut erregbar; dann treten Convulsionen ein, die Respiration wird höchst schwach und unvollkommen und das Thier fällt auf die Seite hin um.

(3 St 51 M.) Dem hervorgenommenen Thiere wird die Vene geöffnet und bei abwechselnder Depletion 1½ Spritze guten vorbereiteten Blutes in Absätzen eingebracht. Das Thier erholt sich vollständig, läuft nach Anlegung der Ligaturen und Suturen vollkommen munter umher.

Neben diesen beiden gelungenen Versuchen, die wir nicht noch vermehren wollen, soll auch der verunglückte Platz finden.

Versuch 5. Die oben erwähnte Glasglocke wird mit einem Gasgemenge von 1 Volumen CO und 7 Volumina atmosphärischer Luft gefüllt. Dem Versuchsthiere sind beide venae jugulares externae blosgelegt und unter jeder ist eine Schlinge durchgezogen. Darauf wird einem grossen weiblichen weissen Kaninchen Blut aus der geöffneten rechten äusseren Drosselvene in reichlicher Menge entzogen und selbiges zur Transfusion präparirt. —

(3 St. 41 M.) Das Versuchsthier wurde unter die Glocke gesetzt, sass anfangs ganz ruhig, fing allmählig an zu schwanken, bekam dann heftige klonische Krämpfe und sank nach zwei Minuten um.

(3 St. 43 M.) Das Thier wird herausgenommen und ihm sofort 2½ Spritze in die linke vena jugularis injizirt, während kurz vorher und gleichzeitig aus der geöffneten Drosselvene Blut

entleert wurde Das Blut wurde dreimal in kurzen Intervallen entleert und ebenso dreimal infundirt; das entleerte Blut war anfangs hellkirschroth, nach und nach dunkler gefärbt Darauf wurden beide Venen unterbunden und die Halswunden durch Suturen vereinigt. Das Thier erholte sich anfangs, athmete kräftig wie normal; plötzlich (1 St.) wurde es unruhig, bekam klonische Krämpfe und verschied (4 St 5 M.). Die Section zeigte die Venen von normaler Farbe, sehr viel dunkel gefärbtes und auffallend schaumiges Blut enthaltend, ebenso das Herz. Gehirn mässig blutreich.

Nach den mitgetheilten Untersuchungen kann es keinem Zweifel mehr unterworfen sein, dass bei der CO-Vergiftung die Substitution eines normalen arterialisirten Blutes an Stelle des infizirten als Heilmittel ersten Ranges zu betrachten sei. Es ist besonders-Nachdruck darauf zu legen, dass die Substitution eine möglichst umfassende sei. Man wird daher in den schwereren Fällen mit einem einmaligen Aderlasse und nachfolgender Transfusion nicht ausreichen, vielmehr wird diese Prozedur, wie es unsere schweren Vergiftungsfälle zeigen, wiederholt vorzunehmen sein. Nur für leichtere Fälle kann eine solche einmalige Behandlung zureichen. — Bei Hunden, welche bei derartigen Versuchen überhaupt viel mehr auszuhalten vermögen, als Kaninchen, hat Kühne bereits nach der einmaligen Transfusion bei gleichzeitiger Depletion schöne Erfolge der Wiederbelebung erzielt und zwar in Fällen, in denen Aderlass und künstliche Respiration keinen Erfolg mehr hatte, und in denen die Athmung selbst bis zu sieben Minuten unterbrochen gewesen war. (Centralblatt für die medizinischen Wissenschaften. 1864. Nr. 9.)

Die Erfahrungen an den Versuchsthieren gestatten nun aber eine unbedingte Uebertragung auf den Menschen. Da die Transfusion mit den nöthigen Cautelen ausgeführt, eine vollkommen relativ unschädliche und unbedenkliche Operation ist, so soll die Substitution, die Ausspülung des Blutes bei CO-Vergifteten, in erster Linie angewendet werden. Unserer Meinung nach soll bei allen Vergiftungen durch CO oder Leuchtgas, bei denen bereits das Sensorium benommen oder gar Koma eingetreten ist, sofort zur Substitution geschritten werden. Je länger gewartet wird, um so reichhaltiger wird das den Blutkörperchen zäh anhaftende CO seine verderblichen Einflüsse auf die centralen Nerventheile entfalten können.

So kommt es gar zu oft, langsam aber sicher, im Verlaufe anscheinend gar nicht bedenklicher Fälle zur Paralyse der Nervencentren, und wenn erst beginnende Lungenödeme und unergiebige unregelmässige Athemzüge eingetreten sind, dann wird die Transfusion gewiss oft genug zu spät kommen. Man wird daher sofort für eine möglichst reichliche Menge von Blut Sorge tragen müssen und nach Vorbereitung desselben zur baldigen Substitution schreiten. Wenn wir im Stande wären, das aus der Ader gelassene Blut seines CO zu berauben, so wäre damit für die Praxis viel gewonnen, indem man das gereinigte Blut wiederum infundiren könnte. Leider besitzen wir hierzu kein Mittel, wegen des innigen chemischen Zusammenhaftens des CO mit dem Hämatoglubulin, wie uns F. Hoppe gelehrt hat, und wie neuerdings Kühne gegen Eulenberg bestätigte, da selbst bis zum Faulen das CO-haltige Blut noch seine rothe Farbe behält. Wir sollen aber mit der Procedur der Substitution so lange fortfahren, bis physiologische und chemische Anzeichen uns eine energische Verminderung des CO im Blute bekunden. Wir zweifeln nach unseren, an stark vergifteten Thieren angestellten Versuchen durchaus nicht, dass die Substitution sich bald durch Hebung der vitalen Prozesse dokumentiren werde. Andererseits können wir aber auch noch nebenher sehr zweckmässig chemisch eine Controlle führen. Ein über die Norm hellrothes Blut in den Venen mahnt uns zur weiteren Fortführung der Substitution. Ausserdem kann man noch an dem von Zeit zu Zeit abgelassenen Blute die chemische Prüfung mittelst Natronlauge vornehmen. Vermischt man normales defibrinirtes Blut mit einer gleichen Menge kaustischer Natronlauge, so entsteht eine schmutzig grünliche schleimige Masse, ein an CO reiches Blut hingegen, in gleicher Weise behandelt, liefert eine dicke Masse von hellrother Färbung. Wird das nach und nach abgelassene Blut auf solche Weise behandelt und neben normalem Blute in Probirgläschen neben einander gehalten und verglichen, so lassen sich auch hieraus Zeichen für die Weiterführung oder Sistirung der Operation gewinnen. Wir wiederholen es: eine einfache Transfusion nach voraufgegangenem Aderlasse wird in vielen Fällen unzureichend sein. Von einem Falle letzterer Art, der mit anfangs scheinbarem Erfolge von den Herren DDr. Sommerbrodt und Schiffer ausgeführt sein soll, lieferte die Tagespresse im vorigen Jahre kurzen Bericht. Der Kranke ist jedoch nach der unverkennbaren anfänglichen Besserung, wie wir aus Privatmittheilungen erfahren haben, bald nachher verstorben.

Ausser der Substitution, die also unbedingt in erster Linie angewandt werden soll, findet indess die Anwendung von Reizmitteln als adjuvans eine berechtigte Stellung: Kalte Begiessungen im warmen Bade, Reibungen mit reizenden Substanzen, ferner die Faradisation der Nn. phrenici und ihrer Genossen, wie sie von Ziemssen mit so schönem Erfolge angewendet wurde. Ausserdem kann sich das therapeutische Verfahren noch nach einer anderen Seite hin erstrecken. Klebs und Pokrowsky haben auf die bei der CO-Vergiftung auftretende starke Erweiterung der Gefässe hingewiesen, die, wie wir oben erörterten, allerdings wegen der Beeinträchtigung der normalen Kreislaufsverhältnisse, dem Eintritte der Paralyse der Nervencentren Vorschub leisten kann. Von diesem Gesichtspunkte aus kann das Ergotin, wohl am besten subkutan, zur Anwendung kommen, von dem man annehmen kann, dass es die Gefässwandungen zur Contraction bringe. Auch die elektrische Reizung der Haut und Kälteapplikation wird nach dieser Richtung hin nicht ohne Erfolg sein. Aber wohl bemerkt: alle diese Mittel sind nur als Adjuvantia zu betrachten, als Hauptmittel erkennen wir die Substitution.

3. Die Vergiftungen durch Chloroform- und Aetherdämpfe.

Bei der ausserordentlichen Häufigkeit, mit welcher namentlich das Chloroform auf dem Gebiete der Chirurgie, Geburtshülfe und inneren Medizin angewandt wird, ist es nicht zu verwundern, dass hin und wieder bei reichlicher Darreichung des Anästhetikums Unglücksfälle beobachtet werden: plötzlicher Tod in der Narkose. Die Untersuchungen des Blutes durch Aether oder Chloroform getödteter Thiere haben gelehrt, dass beide narkotischen Substanzen sich als solche im Blute nachweisen lassen und es ist daher das Wahrscheinlichste, dass diese Substanzen, abgesehen von sonstigen Zersetzungen, welche dieselben noch ausserdem im Blute erfahren mögen, dadurch tödtlich wirken, dass das Blut zu reichlich mit denselben imprägnirt ist, in Folge dessen eine Paralyse der vitalen Centren sich einstellen muss. Ausserdem hat man wiederholt beobachten können, dass bei Menschen und Thieren, welche sich aus der Narkose erholen, durch die Lungen nicht unbeträchtliche Mengen Aether- und

Chloroformdämpfe bis zum Verschwinden der Intoxikationserscheinungen ausgeathmet werden. Auf Veranlassung des Herrn Geheimrath Bardeleben haben wir die Aether- und Chloroform-Vergiftung mit in den Kreis unserer Untersuchungen gezogen. Hunde und Kaninchen wurden möglichst tief durch Einathmen von Chloroform- und Aetherdämpfen narkotisirt, bis nur noch vereinzelte oberflächliche Athemzüge ausgeführt wurden; alsdann wurde das vergiftete Blut aus der Ader abgelassen und neues O-reiches wiederum eingespritzt. Es zeigte sich hierbei, dass die Narkose in kürzester Zeit aufgehoben und die Regelung der vitalen Prozesse wieder hergestellt wurde. Einige Beispiele mögen zur Veranschaulichung dienen.

Versuch 1. Einem mittelgrossen braunweissen männlichen Hunde (der schon früher Herrn Professor Budge bei seinen Versuchen über die Blasenbewegung dazu gedient hatte, Contractionen der Blase in Folge von Reizung der Pedunculi cerebri mittels der durch die Schädeldecken eingestossenen Nadelelectroden zu zeigen, und sich völlig wieder erholt hatte) wird die linke vena jugularis externa blosgelegt. Hierauf wird er durch Chloroforminhalationen narkotisirt: 5 U. 12 M.

(5 U. 45 M.) Völlige Anaesthesie, Cornea unempfindlich; Respirationen tief, 44 in der Minute, etwas unregelmässig.

(5 U. 46 M.) Respiration 80, schnarchend und sehr oberflächlich.

(5 U. 47 M.) Respirationsbewegungen nur noch vereinzelt, oberflächlich und röchelnd; — aus der Vena jugularis externa wird ein reichlicher Aderlass gemacht und nach demselben wird eine Spritze frischen hellrothen Blutes möglichst schnell gegen das Herz hin injizirt. Noch während der Einspritzung werden die Athemzüge tiefer.

(5 U. 48 M.) Zum zweiten Male wird Blut abgelassen und eine zweite Spritze Blutes transfundirt.

(5 U. 49 M.) Nochmaliger Aderlass; dritte Transfusion einer vollen Spritze.

(5 U. 50 M.) Die vierte Spritze wird injizirt nach vorherigem Blutablassen. Das Thier ist wieder völlig bei Empfindung, zuckt und wimmert während der Einspritzung.

(5 U. 51 M.) Es wird nochmals Blut abgelassen und die fünfte Spritze voll Blut injizirt. Ligatur der Vene; Sutur der Hautwunde. Das Thier losgebunden und auf den Boden gelegt versucht sich aufzurichten und umherzulaufen, wird aber durch

die Schwäche seiner Hinterextremitäten behindert und macht nur seitliche Drehbewegungen. Das Thier ist völlig bei Empfindung, schüttelt den Kopf und kratzt die Wunde mit den Hinterpfoten.

(5 U. 55 M.) Das jetzt völlig ermunterte Thier läuft im Zimmer umher.

Dieser Versuch beweist, dass die Transfusion eines O-reichen Blutes mit gleichzeitiger Depletion bei einem tief narkotisirten Thiere die dem Erlöschen nahen Respirationsbewegungen in kürzester Frist neu zu beleben vermag und die völlige Anästhesie in nicht ganz vier Minuten verschwinden machen kann.

Ein zweiter Versuch soll im Anschlusse mitgetheilt werden, bei welchem an einem durch Aether tief narkotisirten Kaninchen vermittels Hundeblut, aus der Carotis abgelassen, die Narkose beseitigt wurde.

Versuch 2. Grosses weisses weibliches Kaninchen. Carotidenblut eines grossen kräftigen Hundes in Bereitschaft gehalten.

(6 U. 4 M.) Die blossgelegte Vena jugularis sinistra wird durchschnitten; in das centrale Ende wird die Transfusionskanüle eingebunden, das peripherische wird durch eine Klemmpincette verschlossen gehalten. - Inhalation von Aether.

(6 U. 12 M.) Respiration sehr frequent, stertorös mit tiefem pfeifenden Ton bei der Inspiration. Bei starkem Kneifen des Maules zeigt das Thier noch Reaction, schreit und macht convulsivische Bewegungen.

(6 U. 15 M.) Ebenso; Respiration sehr frequent und oberflächlich.

(6 U. 17 M.) Respiration äusserst schwach und oberflächlich, theilweise aussetzend; das Thier absolut unempfindlich. — Entfernung des Aethertuches, Aderlass; Transfusion 1 Spritze Hundeblut; neuer Aderlass entsprechender Grösse.

(6 U. 19 M.) Zweite Spritze transfundirt. Während der Injection zeigt sich bereits wiederum Empfindung; die Respirationsbewegungen sind viel ergiebiger und weniger frequent.

(6 U. 20 M.) Nach abermaligem Blutablassen wird die dritte Spritze in die Vene entleert, wobei ein zischendes Geräusch den Eintritt von Luft in die Venen ankündigt.

(6 U. 21 M.) Noch eine halbe Spritze eingeflösst. Ligatur;

Sutur. Respiration gut; normale Empfindung, auf Reiz lebhafte Reaction.

(6 U. 24 M.) Das Thier wird auf den Boden gelegt, macht aber keine Bewegung; Respiration schwächer.

(6 U. 28 M.) Die Respiration setzt etwa 30 Sekunden aus, kehrt dann wieder, aber nur vereinzelt, schwach und unregelmässig.

(6 U. 30 M.) Tod des Thieres.

Bei der sofort angestellten Section pulsirt das Herz noch lebhaft, im rechten Vorhofe zeigen sich einige Luftblasen, neben denselben und im Ventrikel reichliche cohärente Cruorabscheidungen. —

Dieser Versuch ist insofern interessant, als er zeigt, dass auch das Blut einer fremden Spezies im Stande ist, in kurzer Zeit eine sehr tiefe Aethernarkose mit Beeinträchtigung der Respirationsbewegungen zu beseitigen. Es erfolgte die Herstellung trotz Eintrittes von Luft in die Venen, welcher allerdings bald darauf das Thier erliegen musste.

Da also die Transfusion eines normalen O-reichen Blutes mit gleichzeitiger Depletion des vergifteten bei Intoxikationen mit Chloroform- und Aetherdämpfen einen entschieden wiederbelebenden Einfluss hat, indem sowohl die Sensibilität sehr bald zurückkehrt, als auch die gestörte Athmungstbätigkeit auf's Neue angefacht wird, — so stehen wir nicht an, das Verfahren der depletorischen Transfusion bei Unglücksfällen während der Chloroform- oder Aethernarkose hiermit in Vorschlag zu bringen. Es ist auch hier dasjenige Mittel, welches der Indicatio causalis am vollständigsten entspricht, — (gerade wie bei der Intoxikation durch Kohlensäure und den Sauerstoffmangel) — und welches den Reizungen der Nerven und der künstlichen Respiration um einen gewichtigen Schritt voraus ist. Man wolle daher in vorkommenden gefahrdrohenden Fällen von Asphyxie in der Chloroform- oder Aethernarkose nicht erst lange Zeit durch die vorerwähnten Behandlungsweisen verlieren. Am besten ist es, man bereitet sofort Alles zur Transfusion vor, lässt während der Vorbereitung künstliche Respiration vollführen, nöthigen Falls den Mund von Schleim reinigen, die Zunge hervorziehen, Hautreize anwenden, — mache (falls nicht der Kranke schon anfängt sich zu erholen) einen starken Aderlass und schliesse daran die sofortige Transfusion. Das Verfahren muss je nach den Umständen wiederholt werden. Vor und nach der Operation, sowie in den Pausen finden selbstverständlich andere Wiederbelebungsmittel ihre verdiente Anwendung.

Indessen findet die Rettung der Chloroform- und Aether-Vergifteten durch die depletorische Transfusion auch bei einem gewissen Grade die Grenze ihrer wiederbelebenden Wirksamkeit. Athmete ein Hund über eine Viertelstunde lang unausgesetzt und bei fortwährend äusserst beschränktem Zutritt der atmosphärischen Luft Chloroformdämpfe ein, auch dann noch, als während der letzten Minuten nur noch spärliche schluchzende, äusserst oberflächliche Zwerchfellszuckungen eintraten, bis endlich die Respirationsbewegungen, stets in grösseren Pausen erfolgend, ganz aufhörten, so hatte selbst eine reichliche, oft wiederholte depletorische Transfusion keinen Erfolg mehr. Aber es lässt sich wohl annehmen, dass beim Menschen bis zu einem solchen Grade die Darreichung des Narkoticums niemals fortgesetzt werden wird.

4. Die Vergiftung durch Morphium und Opium.

Das Morphium musste uns als ein sehr passendes Gift erscheinen seiner prägnanten Vergiftungserscheinungen wegen, um gegenüber denselben den günstigen Erfolg der Substitution eines normalen Blutes an Stelle des mit dem Gifte vermischten zu beobachten. Wir wählten hier die akuteste Form der Vergiftung, die directe Infusion einer Morphiumlösung in das Venensystem. Diese Form der Vergiftung ist offenbar bei sonst gleicher Dosis die bei weitem gefährlichste, indem die ganze Masse der toxischen Substanz sofort auf die Centraltheile des Nervensystems einzuwirken vermag. Anders verhält es sich bei der subcutanen Application, oder bei der Darreichung von den ersten Wegen aus. Hier kommt nur nach und nach von der Gesammtdosis ein Antheil durch Resorption in den Kreislauf, die Wirkung wird sich viel langsamer, allmählig und in ansteigender Vehemenz entfalten und der Arzt gewinnt Zeit. Wenn es uns daher gelingen wird, bei den akutesten heftigsten Vergiftungsformen durch unsere Maassnahmen Hülfe zu schaffen, so dürfen wir annehmen, dass auch bei den langsameren, in der Praxis viel häufigeren Formen, ein günstiger Erfolg zu erwarten steht. Nur ein sich von selbst ergebender Unterschied liegt hier vor: während man bei der directen Ueberführung des Giftes in die Blutbahn möglichst schnell an die Stelle des mit dem toxischen Fluidum gemengten Blutes eine neue normale Blutmenge substituiren muss, wird man bei der allmähligen Resorption des Giftes nur zeitweise, in Unterbrechungen, zur Substitution schreiten und zwar allemal dann, wenn bedrohlichere Phänomene uns andeuten, dass wiederum eine beträchtlichere Menge von Gift im Blute angehäuft sei. Gerade diese langsameren Vergiftungen erheischen daher besondere Aufmerksamkeit des Arztes und man wird ausserdem eine ziemlich bedeutende Blutmenge zur Verfügung haben müssen.

Um durch Versuche an Thieren zu einem richtigen Urtheile über die günstige Wirkung der Substitution, der Ausspülung der Blutbahn mit normalem Blute, gelangen zu können, ist es natürlich nothwendig, dass man so hohe Dosen anwendet, dass sie entweder bereits tödtlich wirken, oder doch schwere, prägnante Intoxicationserscheinungen zur Folge haben. Und in der That, es hat sich gezeigt, dass bei der akutesten Form der Morphiumvergiftung die Wirkung der Substitution eine durchaus günstige ist, wie nachfolgender Versuch uns lehren wird.

Es werden zu dem Versuche zwei 1jährige gelbgraue weibliche Fleischerhunde genommen, die von demselben Wurfe, derselben Grösse und gleich guter Ernährung sind.

Dem ersten dieser Hunde (a) wird die rechte Vena jugularis externa blossgelegt, eine Schlinge unter dieselbe gelegt, geöffnet, und sodann werden in dieselbe 60 Tropfen einer Lösung von Morphium hydrochloratum (gr. j ad 3j) gegen das Herz hin eingespritzt. Hierauf wird das Gefäss unterbunden. Die Injection ist 3 U. 39 M. beendet; nach lebhaften Aufschreien und einigen Zuckungen verfällt das Thier eine halbe Minute darauf in tiefen Sopor. Nachdem dasselbe losgebunden, fällt es comatös auf die Seite und verharrt regungslos in tiefster Narkose auf dem Fussboden des Zimmers liegend.

Zwölf Minuten später wird dem zweiten Hunde (b) ganz dieselbe Infusion applicirt (3 U. 35 M.). Nach kaum Einer Minute ebenfalls tiefer Sopor. Hierauf wird aus dem peripherischen Ende der Vene ebenfalls Blut abgelassen und sodann eine Spritze voll normalen Blutes gegen das Herz hin transfundirt. Das hierzu benutzte Blut war vorher einem kräftigen Hunde aus der Carotis abgelassen worden, geschlagen, colirt und warm gehalten. Ablassen von Blut aus dem peripherischen Venenende und Einspritzung von neuem in das centrale Stück wird hierauf in kurzen Intervallen abwechselnd wiederholt.

(4 U.) Schon nachdem drei Spritzen beigebracht sind, und

eben so viel giftgemengtes Blut abgelassen worden, zeigt sich ein sehr bemerkbarer Unterschied zwischen beiden Thieren.

Hund a liegt anscheinend wie todt da, mit schwachen und seltenen Respirationen (12 in 1 Minute), zeigt aber die von Cl. Bernard angegebene characteristische Excitabilität für Geräusche, indem er jedes lautere Geräusch, stärkere Auftreten und dergleichen mit einem Zusammenzucken des Körpers begleitet und dann wieder ruhig hinsinkt.

Hund b, der anfangs eben so tief betäubt war, hat die Augen offen, bewegt öfters spontan die Augenlider, sowie den Kopf, hat kräftigere und häufigere Respirationen (33 in einer Minute).

(4 U. 6 M.) Dem Hunde b sind im Ganzen 6½ Spritzen normalen Blutes infundirt, und ist ihm eine entsprechende Blutmenge abgelassen. Die Vene wird jetzt oberhalb und unterhalb der Oeffnung unterbunden, die Wunde am Halse mittelst Suturen vereinigt und das Thier wird losgelassen.

(4 U. 10 M.) Derselbe läuft sofort mit starken Sätzen und anscheinend ganz normal im Zimmer umher. Durch das hierbei entstehende Geräusch wird auch der Hund a, der bis dahin über 21 Minuten lang auf der rechten Seite mit ausgestreckten Beinen tief betäubt dagelegen hatte, aufgescheucht. Er richtet sich auf und versucht ebenfalls zu entfliehen. Er zeigt dabei deutlich den von Bernard geschilderten hyänenartigen Gang (deutliche Parese der hinteren Extremitäten und des ganzen Hinterkörpers) und legt überhaupt eine taumelnde, uncoordinirte Action an den Tag. Eine weitere Differenz markirt sich bei der Besichtigung der Pupillen beider Hunde, dieselben sind nämlich beim Hunde a sehr verengt, bei b dagegen ziemlich erweitert, wie unter normalen Umständen. Wieder losgelassen fällt der Hund a nach kurzem taumelnden Laufe in der Mitte des Zimmers kraftlos auf die Seite und verharrt wieder in dieser Lage in tiefster Betäubung, — der Hund b dagegen verkriecht sich unter ein Spind, sitzt daselbst aufrecht mit offenen, geradeaus gerichteten, ängstlich lauernden Augen, gespitzten Ohren u. s. w. und scheint nur etwas angegriffen, jedoch ohne Störungen der Intelligenz, ohne Paralyse und ohne Betäubung.

(5 U.) Der Hund a noch viel tiefer betäubt, wie b; — Pupillen wie oben.

(5 U. 30 M.) Hund a liegt noch auf der Seite; aufgerüttelt läuft er mit kläglichem Geheul unruhig im Zimmer umher

und fällt nach mehrmaligem Hin- und Herlaufen endlich wieder zusammen. Hund b sitzt unter dem Spinde, läuft aber, sobald er hervorgebracht ist, aus der geöffneten Thür heraus; sein Gang zeigt nichts Abnormes; im Gange ist das Thier auch noch etwas träge und kraftlos, weil ihm im Ganzen etwas mehr Blut entzogen wurde, als wieder eingespritzt ward. Von dem unsteten Wesen, der Unruhe, dem Geheul ist bei diesem Thiere keine Spur vorhanden; es geberdet sich durchaus ähnlich einem gesunden.

Am folgenden Vormittage zeigen beide Hunde ein gleiches und zwar normales Verhalten.

Der vorgeführte Versuch ist ein so schlagender, dass wir uns überhoben fühlen, noch weitere derartig angestellte Versuche mitzutheilen.

Ausser mit dem Morphium haben wir noch mit dem Opium Versuche ganz ähnlicher Art, wie den vorstehenden, angestellt, und zwar an Kaninchen mit der Tinct. Opii simplex. Verschieden stark gewählten Dosen dieses gleichfalls in die Venen eingespritzten Giftes gegenüber zeigte sich die Methode der Substitution ebenfalls in einem günstigen Lichte, indem dieselbe die Dauer und Intensität der Intoxicationserscheinungen zu mässigen vermochte, wie man an vergleichsweise gleich stark vergifteten Thieren, denen die Substitution nicht gemacht wurde, ersehen konnte. Es wird daher nicht nöthig sein, Versuche der Art, die im Ganzen grosse Aehnlichkeit mit dem Morphiumexperimente darbieten, im Detail hier vorzuführen.

Bei einer Dosis von 60—90 Tropfen (der frisch bereiteten Opiumtinctur) leistete indess die nach der Infusion selbst so schnell als nur möglich angestellte Transfusion mit Aderlass bei unseren Kaninchen keine rettende Hülfe mehr. Fast unmittelbar nach der Einspritzung des Giftes, oder einige Sekunden nach derselben, traten so heftige tonische Krämpfe der gesammten Körpermuskulatur auf, dass laut hörbarer Muskelton entstand und die Thiere, selbst wenn während der Krämpfe bereits frisches Blut eingespritzt und das giftvermengte abgelassen wurde, ein rapider asphyktischer Tod eintrat. Hier sind wir eben über die Grenze der noch möglichen Rettung von dem Vergiftungstode hinausgeschritten.

5. Die Vergiftung durch Strychnin.

Auch bei der Strychninvergiftung haben wir die Wirkung der depletorischen Transfusion in einer Reihe von Versuchen zu eruiren gesucht. Sämmtliche Experimente wurden an Hunden angestellt und das Gift wurde in wässeriger Lösung subcutan applicirt (verschieden starke Dosen einer Lösung Strychnii nitrici gr. ij ad Aq. destill. 3ij). Das Strychnin wirkt bei Hunden sehr heftig: schon nach $\frac{1}{24}$ Gran bekam ein 10 Tage alter Hund einer kräftigen Race ausgesprochene Krämpfe, die nach $\frac{1}{2}$ Stunde ihren Höhepunkt erreichten, nach Verlauf einer Stunde indessen allmählig erloschen, ohne dass das Thier dem Tode erlegen wäre.

Wurde einem 8 Wochen alten Hunde einer grossen kräftigen Fleischerhundrace $\frac{1}{12}$ Gran subcutan beigebracht, so sahen wir, dass der Hund schon nach 2 Minuten unter den heftigsten tonischen Krämpfen niederstürzte und schon nach $5\frac{1}{2}$ Minuten nach vorherigem Harnabfluss verendete.

Versuch mit Transfusion. Es wurde nun einem erwachsenen Hunde die doppelte Dosis an derselben Stelle subcutan applicirt: $\frac{1}{6}$ Gran, nachdem derselbe aufgebunden war und ihm die Vena femoralis zur Transfusion präparirt war.

3 U. 25 M. Einspritzung des Giftes.

3 U. 27 M. Nach einer Depletion Transfusion einer Spritze frischen Hundeblutes. Steifheit der Extremitäten, beginnende Streckkrämpfe.

3 U. 29 M. Reflexaction deutlich erhöht, nach jeder Berührung tetanische Streckung des ganzen Körpers; — zweite Spritze nach vorheriger entsprechend grosser Depletion.

3 U. 30 M. Dritte Spritze.

3 U. 30½ M. Vierte Spritze. Die Zuckungen haben an Intensität zugenommen.

3 U. 32 M. Fünfte Spritze. Aeusserst heftige allgemeine Krämpfe.

3 U. 33 M. Die Krämpfe bestehen fort, der Urin wird ausgespritzt. Das Venenblut spritzt bei der Depletion in starkem Strahle. — Sechste Spritze.

3 U. 34 M. Siebente Spritze.

3 U. 35 M. Achte Spritze.

3 U. 36 M. Neunte Spritze. Die Krämpfe lassen bei der fortgesetzten depletorischen Transfusion augenscheinlich nach.

3 U. 38 M. Zehnte Spritze.
3 U. 40 M. Elfte Spritze. Nur noch einzelne Zuckungen. Respiration gut.
3 U. 41 M. Zwölfte Spritze.
3 U. 43 M. Da sich die Krämpfe wieder steigern, so werden nach einer reichlicheren Depletion zwei Spritzen transfundirt.
3 U. 45 M. Fünfzehnte Spritze.
3 U. 45½ M. Sechszehnte Spritze.
3 U. 46½ M. Siebenzehnte Spritze. In Folge der häufigeren Transfusionen sind die Zuckungen, selbst bei directen Reizungen, nur noch schwach.
3 U. 48 M. Achtzehnte Spritze.
3 U. 50 M. Neunzehnte Spritze. Der Hund liegt ganz ruhig, die Respiration ganz ungestört.
3 U. 52 M. Zwanzigste Spritze. Die Reflexerregbarkeit nur noch wenig erhöht.
3 U. 56 M. Einundzwanzigste Spritze. Nur noch vereinzelte Zuckungen auf Reiz.
3 U. 58 M. Zweiundzwanzigste Spritze.
4 U. 2 M. Dreiundzwanzigste Spritze.
4 U. 3½ M. Vierundzwanzigste Spritze. Keine Aenderung im Befinden.
4 U. 6 M. Fünfundzwanzigste Spritze.
4 U. 7½ M. Sechsundzwanzigste Spritze.
4 U. 10 M. Siebenundzwanzigste Spritze. Nur noch einzelne Zuckungen auf directe Reizung. Respiration gut.
4 U. 12½ M. Achtundzwanzigste und neunundzwanzigste Spritze.
4 U. 17½ M. Noch eine leichte Depletion.
4 U. 20 M. Da das Thier gar keine beängstigende Erscheinungen darbietet, so wird die Vene unterbunden, die Hautwunde genäht und das Thier losgebunden. Kaum ist das Thier losgemacht, so treten fast plötzlich die heftigsten Allgemeinkrämpfe auf, der Harn wird im Strahle ausgespritzt und der Tod erfolgt mit grosser Schnelligkeit schon um 4 U. 25 M.

Die günstigen Erscheinungen der depletorischen Transfusion treten in diesem Falle unzweifelhaft hervor, indem nicht allein wiederholt die Krämpfe herabgesetzt und gemildert werden, sondern auch das Leben bei einer entschieden lethalen Dosis eine ganze Stunde erhalten werden konnte. Bei dem vorher erwähnten Hunde trat der Tod schon nach 5 Minuten ein und die Dosis war nur halb so stark genommen. Weiterhin liegt kein directer Grund vor, nicht anzunehmen, dass der Hund, wenn die Transfusion in der begonnenen Weise fortgesetzt worden wäre, mit dem Leben davon gekommen wäre.

Bei einem anderen mittelgrossen starken Hunde gelang es uns bei Anwendung der depletorischen Transfusion, das Thier 25 Minuten am Leben zu erhalten, trotz der subcutanen Einspritzung von ¼ Gran Strychnin. Christison giebt dagegen an, durch ⅛ Gran innerhalb 2 Minuten einen Hund vergiftet zu haben. (Resorption von der Thoraxhöhle aus.)

Indessen es verdient bei der Strychninvergiftung noch ein Punkt besondere Beachtung. Die Menge Strychnin, welche erforderlich ist, allgemeine Convulsionen und den Tod herbeizuführen, hat zwar beim Menschen und den Thieren gewisse ziemlich bestimmte Grenzen, aber innerhalb dieser kommen doch je nach der Individualität des Vergifteten nicht unbedeutende Schwankungen vor, wie schon Christison hervorgehoben hat, und wie wir nach unseren Versuchen bestätigen können. So ist es z. B. nach Christison ausser allem Zweifel, dass ⅛ Gran Strychnin, in eine Wunde gebracht, einen Menschen in weniger als ¼ Stunde zu tödten vermöge. Oft aber werden auf der anderen Seite viel grössere Dosen (innerlich) vertragen und man hat es selbst gewagt, das Strychnin bis zu 2 Gran zu geben, ohne dass in manchen Fällen mehr als die leichteren Grade der Vergiftung eingetreten wären. Ausserdem ist es wohl zu beachten, dass beim Strychnin, eben so wenig wie beim Digitalin, eine Gewöhnung des Körpers für dieses Gift stattfindet. Bei Versuchen an Thieren ist es daher anzurathen, absolut letale Dosen zu nehmen und sodann die Wirkung der depletorischen Transfusion an denselben zu studiren. Wenn daher Christison angiebt, Hunde stürben nach subcutaner Application des Giftes in einer Dosis von ⅛ Gran innerhalb 2 Minuten, so muss der vorhin erwähnte Versuch, der bei noch stärkerer Dosis (¼ Gran) angestellt wurde, gewiss die depletorische Transfusion in günstigem Lichte erscheinen lassen.

Wir glauben daher berechtigt zu sein, die depletorische Transfusion bei vorkommenden Fällen von Strychninvergiftungen in Vorschlag zu bringen. Man wird dieselbe je nach dem Grade und der Heftigkeit der Erscheinungen fortsetzen müssen, bis man annehmen kann, dass das zur Resorption gekommene Gift im Körper zersetzt oder ausgeschieden ist, oder bis die Vergiftungssymptome auf bescheidene Grenzen reducirt worden sind. Dass man nebenher noch von den antispasmodischen Antidoten: Morphium, Atropin, Akonit, Hyoscyamus, namentlich Worrara (subcutan in starken Dosen) Gebrauch machen soll, ferner unter Umständen zur Magenpumpe und sonstigen Hilfsleistungen zu greifen habe, bedarf wohl keiner besonderen Einschärfung.

III. Die Transfusion bei künstlicher Inanition und Nahrungsmangel.

Warmblütige Thiere, welche man einer anhaltenden Inanition unterwirft, zeigen bekanntlich eine von Tage zu Tage stetig fortschreitende Verminderung des Körpergewichts, und sterben, wenn die gesammte Gewichtsabnahme (der „verhältnissmässige integrale Verlust" nach Chossat) einen aliquoten Theil des ursprünglichen Körpergewichts überschreitet. Bekannt sind die Versuche, welche Chossat*) und nach ihm besonders Bidder und Schmidt**) über den Stoffwechsel bei hungernden Thieren angestellt haben. Der Tod erfolgt im Allgemeinen bei einer Verlustgrösse von $\frac{2}{5}$ (Chossat) oder etwas über $\frac{1}{4}$ (Bidder) des ursprünglichen Körpergewichts; jedoch ist das Verhältniss nicht nur bei verschiedenen Thierarten, sondern auch bei Thieren derselben Species nach Individualität und Alter in hohem Grade variabel.

Der Gewichtsverlust hungernder Thiere beruht auf der Zersetzung ihrer Gewebsbestandtheile, die an Stelle der Nahrungsmittel verbrannt werden, um bei Nahrungsabschluss den fortwährenden functionellen Bedarf des Thieres zu decken. Wird nun dem hungernden Thiere eine Quantität functionsfähigen und zugleich conservirungsfähigen Blutes (also O-reiches Blut derselben Thierart) eingespritzt, so ist das Verhältniss in manchen Beziehungen offenbar ein analoges, wie bei erneuerter Nahrungseinfuhr, indem mit dem transfundirten Blute unmittelbar Bestandtheile aufgenommen werden, welche verbrennungsfähig sind, und also das Maass der zu verbrennenden Körpersubstanz voraussichtlich proportional

*) Recherches expérimentales sur l'inanition. Paris 1843.
**) Die Verdauungssäfte und der Stoffwechsel. Mitau u. Leipzig 1852, pag. 292—413.

der Menge der von aussen eingeführten Verbrennungssubstrate herabgesetzt wird. Diese Herabsetzung kann bei einmaliger Transfusion nur eine vorübergehende sein; sie kann aber möglicherweise zu einer dauernden werden, wenn durch häufige Wiederholung der Transfusion in bestimmten Intervallen, analog der regelmässigen Nahrungsaufnahme, dem Körper verbrennungsfähige Substanz in hinreichender Quantität zugeführt wird. Es erscheint daher nicht unmöglich, durch die wiederholte Transfusion bei hungernden Thieren den täglichen (absoluten und relativen) Gewichtsverlust andauernd zu vermindern und das Leben längere Zeit hindurch zu erhalten.

Von diesen Voraussetzungen ausgehend, unternahmen wir einige Versuche an hungernden Säugethieren, wobei die Transfusion in der so eben definirten Weise, gleichsam als Nahrungsmittel, angewandt wurde. Wir machten die ersten Versuche der Art an Kaninchen — entdeckten aber sehr bald, dass diese Thiere sich zu dem beabsichtigten Zwecke nicht eignen, weil sie — auch ganz abgesehen von der Inanition — schon eine drei- oder viermalige Ausführung der Transfusion, zumal an den Halsvenen, selten überleben, sondern in der Regel alsbald durch diffuse Phlegmonen, Eitersenkungen und fieberhaftes Allgemeinleiden zu Grunde gehen. Demgemäss starben auch die meisten Kaninchen, welche wir zu den Inanitionsversuchen benutzten, schon am 6. oder 8. Tage nach Beginn des Versuches. Ein besseres Resultat lieferte der Versuch bei einem Hunde, an welchem die regelmässige Wiederholung der Transfusion längere Zeit hindurch fortgesetzt werden konnte.

Ein kleiner weiblicher Hund, ca. 1 Jahr alt, von 3970,2 Grmm. Körpergewicht (am Morgen, vor erfolgter Nahrungsaufnahme, gewogen), bekam seit dem Morgen des 20. August weder zu fressen noch zu saufen. Er verlor am ersten Tage 63, am zweiten 82, am dritten 95, am vierten 107, am fünften 99 Grmm., und wog nach etwas über fünftägigem (im Ganzen 126 stündigem) Fasten 3502,7 Grmm. — also 467,5 Grmm. weniger als bei Beginn des Versuches. — Am 25. August, Nachmittags 3 Uhr, wurden 30 CCmtr. defibrinirtes (hellrothes) und erwärmtes Blut eines anderen Hundes in den Theilungsast der rechten V. jugularis (V. facialis comm.) transfundirt. Wir wählten absichtlich diese hoch gelegene Stelle, um noch weiterhin den centralen Theil der V. jugularis für die Operation benutzen zu können.

Die Vene wurde unterbunden, die Hautwunde genäht. Das Thier war nach der Transfusion offenbar lebhafter als vorher, und bewegte sich mit grosser Munterkeit im Zimmer umher. Gewichtsabnahme in den folgenden 48 Stunden zusammen 135,5 Grmm. (also durchschnittlich pro Tag 67¼ Grmm). An beiden Tagen wiederholte Entleerungen von Faeces. Am 27. August (um dieselbe Tageszeit) zweite Transfusion, mit gleicher Dosis, an der linken V. facialis comm. — Gewichtsverlust in den folgenden 48 Stunden 131 Grmm. (durchschnittlich 65¼ Grmm.). Am 29. August dritte Transfusion von 45 CCmtr. Blut an der rechten V. jugularis möglichst hoch oben, dicht unterhalb der Einmündungsstelle der V. facialis comm. — Gewichtsverlust in 48 Stunden = 205 Grmm. (durchschnittlich 102¼ Grmm.). — 31. August vierte Transfusion (45 CC.) an der linken V. jugularis, in gleicher Höhe. Die Halswunde rechts eitert. Gewichtsverlust in 48 Stunden = 143,6 Grmm. (durchschnittlich 71,8 Grmm.). — 2. September fünfte Transfusion (66 CC.), die, da beide Halswunden eitern, an der linken V. femoralis verrichtet wird. Die Wunde, wie gewöhnlich, genäht. In 48 Stunden Gewichtsverlust nur 77,6 Grmm. (durchschnittlich 38,8 Grmm.). — 4. September sechste Transfusion (45 CC.). Die Operation wurde zuerst an der rechten V. epigastrica versucht, misslang jedoch, weil die Einführung der Canüle Schwierigkeiten darbot, und das Lumen der endlich hineingebrachten äusserst feinen Canüle sich verstopfte, so dass das Blut theilweise vorbeifloss. Es musste daher zu den Halsvenen zurückgekehrt und die V. jug. dextra in der granulirenden Wunde aufgesucht und in ihrem untersten Theile (nahe der oberen Thoraxapertur) zur Transfusion benutzt werden. Gewichtsverlust in den folgenden 48 Stunden = 94 Grmm. (durchschnittlich = 47 Grmm.). — 6. September siebente Transfusion (90 CC.) am centralen Ende der V. jugularis sin. — Gewichtsverlust in 48 Stunden 172,4 Grmm. (durchschnittlich 86,2 Grmm.). Das Thier ist, namentlich unmittelbar nach jeder Transfusion, verhältnissmässig munter; die Halswunden eitern beiderseits reichlich. — 8. September achte Transfusion (83 CC.) an der rechten V. femoralis. Gewichtsverlust in 48 Stunden = 164 Grmm. (durchschnittlich 82 Grmm.). — 10. September neunte Transfusion an der linken V. femoralis (105 CC.). Die rechte Schenkelwunde eitert. Gewichtsverlust in 48 Stunden = 98,5 Grmm. (durchschnittlich 49¼ Grmm.). — 12. September zehnte Transfusion an der rechten V. femoralis in der Nähe des Rumpfes (60 CC.). — Die linke Schenkelwunde ebenfalls in Eiterung; das Thier vor der Transfusion bereits sehr hinfällig und matt, erholt sich auch nach derselben nicht wieder und stirbt am Abend um 7 Uhr, also innerhalb des 24. Tages nach Beginn des Versuches. — Die am folgenden Morgen vorgenommene Section ergab in allen Organen relative Blutfülle, nirgends die Erscheinungen von Phlebitis, Embolie oder metastatischen Heerden; Darmkanal völlig leer, im Magen viel braune, schleimige Galle; Leber von normaler Farbe und Consistenz, ohne Spur von Fettmetamorphose; in der Gallenblase viel Galle von gleicher Beschaffenheit. In Herz und Lungen ebenfalls nichts Abnormes.

Der Hund hungerte also 24 Tage; es wurde während dieser Zeit (vom 6. Tage ab) regelmässig in 48 stündigen Intervallen, im Ganzen zehn Mal, die Transfusion vorgenommen; Gewichtsmenge des auf diese Weise eingeführten Blutes betrug in toto 606 Grmm., somit im Durchschnitt 60,6 Grmm. = ca. $\frac{1}{5}$ von dem (ursprünglichen) Körpergewichte des Thieres. Der absolute integrale Gewichtsverlust betrug 1744,6 Grmm., also 39 pCt. des Gesammtgewichts. Berechnen wir davon den Durchschnittswerth auf einen Tag, so erhalten wir für den absoluten täglichen Verlust 72,7 Grmm. (= 1,8 pCt. des Gesammtgewichts). Die oben angeführten Ziffern ergaben nun aber sehr bedeutende Schwankungen in dem absoluten täglichen Verlust und in dem Verhalten desselben zum Gesammtgewicht. In den ersten fünf Tagen, wo keine Transfusion gemacht wurde, verlor der Hund an Gewicht durchschnittlich pro Tag 93$\frac{1}{4}$ Grmm. = 2,4 pCt. des Gesammtgewichts; in den weiteren 19 Tagen, wo in regelmässigen Intervallen transfundirt wurde, schwankte der tägliche Verlust zwischen 47 und 102$\frac{1}{2}$ Grmm., und betrug durchschnittlich pro Tag 66$\frac{1}{4}$ Grmm., = 1,6 pCt. des Gesammtgewichts.

Es ergiebt sich also ein immerhin bedeutendes Minus an Gewichtsverlust zu Gunsten derjenigen Zeit, wo durch die Transfusion Verbrennungssubstrate von aussen zugeführt wurden. Die Ursache der Differenz kann nicht in den während der ersten Tagen entleerten Nahrungsresten gesucht werden, da der Hund auch nach Einleitung der Transfusion (jenseit des 6. Tages) wiederholt Faecalmassen entleerte; eben so wenig kann die directe Gewichtszunahme durch das eingespritzte Blut in Betracht kommen, da die Gewichtsmenge desselben, auf den Tag vertheilt, die

Differenz in den absoluten täglichen Verlusten bei Weitem nicht ausgleicht, und überdies durch den mit der Operation verbundenen (wenn auch geringen) Blutverlust und die nachfolgende Eiterung der Transfusionswunden fast compensirt wurde. Weniger Gewicht möchten wir auf das zwischen der 5. und 7. Transfusion beobachteten Verlustminima legen, da auch Chossat die niedrigsten relativen Verlustwerthe während der Mitte der Fastenzeit auftreten sah, die stärksten dagegen im Anfang und Ende des Fastens.

Der Umstand, dass der Hund ohne jede feste und flüssige Nahrung lebte, ist an sich, wenn auch nicht unerhört, doch jedenfalls unter den Verhältnissen des Versuches in hohem Grade beachtenswerth und spricht ebenfalls sehr für die gute Wirkung der Transfusionen. Magendie berichtet allerdings, dass er Hunde bis zum 30. Tage erhalten habe; allein es handelte sich alsdann um 6 Jahre alte Hunde, während der unsere noch ein junges, erst einjähriges Thier war. Wie viel auf das Alter der Thiere ankommt, geht daraus hervor, dass, nach Magendie, ganz junge Hunde schon nach zwei Tagen erliegen. — Bei Hunden von mittlerem Alter und Grösse lässt sich ein 12—14 tägiger Termin, vom Anfang des Fastens an gerechnet, als durchschnittliches Maximum annehmen.

Um einen directen Vergleich anstellen zu können, unterwarfen wir einen Hund von gleicher Rasse, gleichem Alter und ziemlich gleicher Körperbeschaffenheit (nur etwas grösser und kräftiger, wie der obige Versuchshund) ebenfalls der anhaltenden Inanition, ohne bei demselben die Transfusion in Anwendung zu bringen. Derselbe wog bei Beginn des Versuches (am Morgen des 27. November), ohne stattgehabte Nahrungsaufnahme, 5324 Grmm. — also ca. ¼ mehr, als der erste. Am 29. November wog derselbe 4147 Grmm., am 1. December 3825, am 3. December 3539, am 5. December 3128 Grmm. — Der Tod erfolgte am Morgen des 6. December, also bereits neun Tage nach Beginn des Versuches. Das Körpergewicht betrug gleich nach dem Tode des Thieres 2863 Grmm., — es hatte dasselbe also während des Fastens 2461 Grmm. oder etwas über 46 pCt. an Gewicht verloren. — Diese Zahlen sprechen am deutlichsten, wenn man sie mit den entsprechenden Werthen des ersten Versuches vergleicht. Der erste Hund starb am 24. Tage, der zweite (noch dazu grössere und kräftigere) nach vollendetem neunten Tage. Der zweite hatte 46 pCt. seines Körpergewichts verloren zu einer Zeit, wo der Gewichtsverlust des ersten (s. o.) noch nicht 18 pCt. des ursprünglichen Körpergewichts überstieg. Der zweite verlor durchschnittlich an jedem Tage 273,4 Grmm. = 5,1 pCt., — der erste. dagegen nur 72,7 Grmm. = 1,8 pCt. des ursprünglichen Gewichtes.

Wenn dieser Parallelversuch auch kaum einen Zweifel darüber zulässt, dass die relativ lange Lebensdauer des ersten Thieres dem günstigen Einfluss der wiederholt vorgenommenen Transfusionen zuzuschreiben ist, so müssen wir doch noch die Frage erörtern, weshalb dieser Einfluss ein so begrenzter war und welche Umstände, trotz seines Fortbestehens, am 24. Tage den Tod des Thieres herbeiführten. — Der Hund hatte, wie erwähnt, bei seinem Tode 39 pCt. an Gewicht abgenommen — ein Verlust, den hungernde Thiere nicht selten noch um längere Zeit überdauern, wie denn auch der Hund des zweiten Versuches bei seinem Tode einen relativ höheren Gewichtsverlust (46 pCt.) zeigte. Wir glauben die Ursache des schliesslichen Misslingens vorwiegend gewissen, rein accidentiellen Complicationen des Versuches zuschreiben zu müssen. Die häufige Wiederholung der Transfusion erfordert, dass eine grössere Anzahl möglichst oberflächlich gelegener Venen zu Gebote stehen und der Reihe nach benutzt werden können. Bei einem Hunde von der Grösse unseres Versuchsthieres sind jedoch die meisten Venen (namentlich die oberflächlichen Hautvenen) wegen ihrer Feinheit dazu ganz ungeeignet. Wir waren daher auf eine sehr geringe Auswahl (ausser den Halsvenen nur die beiden Femorales) beschränkt; und bei der Nothwendigkeit, dieselben Venen wiederholt bloss zu legen und die noch in Entzündung begriffenen Wunden wieder zu öffnen, liess sich das Eintreten diffuser Eiterungen an verschiedenen Stellen des Körpers unmöglich verhüten, wodurch ohne Zweifel Fieber und ein noch gesteigerter Kräfteconsum des Thieres bedingt wurde.

Bei Wiederholung des Versuches an einem älteren und grösseren Hunde liessen sich die geschilderten Uebelstände bis zu einem gewissen Grade ausschliessen, und es wäre daher wohl auch ein Effect von noch grösserer Dauer und Stabilität zu erwarten; indessen hat es seine Schwierigkeiten, für ein solches Thier, bei dem das Nahrungsbedürfniss auch entsprechend grösser ist, die zu den häufigen Transfusionen erforderlichen Blutmengen zu erlangen. Das Blut einer andern Species ist in diesem Falle, nach den von Panum gegebenen Aufklärungen über das Verhalten fremdartigen Blutes im Organismus, selbstverständlich ganz unbrauchbar, da es hier nicht auf einen vorübergehenden Effect, sondern auf ein möglichst dauerhaftes und den normalen Verhältnissen entsprechendes Functioniren des eingespritzten Blutes wesentlich ankommt. Neben diesen Accidenzen des Versuches darf freilich nicht übersehen werden, dass der Ersatz der im normalen Zustande aufgenommenen Nahrungsmittel durch die Transfusion im vorliegenden Falle immerhin nur sehr unvollkommen erfolgte. Es musste daher, wie dies die täglichen Gewichtsverluste ergaben, noch ein gewisses Maass von Körperbestandtheilen verbrannt werden, um den functionellen Bedarf des Thieres zu decken; und die stetig fortschreitende Dissolution der Gewebe musste also schon allein früher oder später den Tod des Thieres herbeiführen — wenn auch bedeutend schneller, als ohne Zuhülfenahme der Transfusion. — Indessen wäre auch die Compensation durch letztere eine möglichst vollkommene gewesen, so ist es doch denkbar, dass die permanente Nahrungsentziehung selbst gewisse functionelle Störungen zur Folge hat, welche trotz jener Ausgleichung auf die Dauer ein nicht auszuschliessenden deletäres Moment darbieten. Dahin gehören die Unterdrückung der Thätigkeit des gesammten Verdauungsapparates, und die Störungen, welche die secretorische Thätigkeit der Leber durch die Alteration des in der Pfortader fliessenden Blutes nothwendig erleiden muss; vielleicht auch die veränderte Mischung des Chylus- und Lymphstromes, und die daraus hervorgehende Decomposition des zum rechten Herzen und zu den Lungen hingelangenden Blutes. Beiläufig sei hier übrigens daran erinnert, dass bei dem von uns obducirten Hunde die Leber keine auffälligen macroscopischen Veränderungen, namentlich keine Zeichen von Verfettung oder Atrophie, darbot.

Für die therapeutische Verwendung der Transfusion beim Menschen dürfte sich nach dem bisher Erörterten möglicher Weise eine Aussicht eröffnen in denjenigen Fällen von allgemeiner Ernährungsstörung, wo durch die mechanischen Verhältnisse entweder die Nahrungsaufnahme überhaupt verhindert, oder die Assimilation und Resorption der Ingesta mehr oder weniger vollständig ausgeschlossen ist. Wir erinnern nur an die Fälle von carcinomatösen oder narbigen Stricturen des Oesophagus, der Cardia und des Pylorus, wo die Kranken so oft im buchstäblichsten Sinne des Wortes verhungern; ferner an den

Tetanus, wo so häufig jeder Versuch einer Nahrungsaufnahme die bedrohlichsten Reactionserscheinungen hervorruft, und wo überdies die Transfusion vielleicht auch einer mehr causalen Indication zu genügen vermöchte, indem sie den Centraltheilen, und speciell der Medulla oblongata, ein minder reizendes, sauerstoffreicheres Blut zuführt. Gewiss ist der Gedanke, den Kranken in derartigen, ganz verzweifelten Fällen durch die Transfusion zu ernähren, rationeller und erfolgverheissender, als der traurige Nothbehelf ernährender Bäder und Clystiere, und weit weniger problematisch als die „Gastrotomie", bis zu welcher sich die bewundernswerthe Kühnheit einzelner Chirurgen wiederholt verstiegen hat. Man wende nicht ein, dass wir das Gebiet der Therapie auf Zustände auszudehnen versuchen, die ihrer Natur nach oft unheilbar und den therapeutischen Bestrebungen unzugänglich sind; denn wäre die Wirkung der Transfusion auch nur eine palliative, so würde sie doch, gehörig oft wiederholt, in solchen Fällen sich noch immerhin als hülfreich erweisen, und es wäre gewiss die verfehlteste Politik, auf eine derartige Palliativbehandlung zu verzichten oder sie, mit Rücksicht auf die Unheilbarkeit des Grundleidens, geradezu als „nutzlos" zu verwerfen. — Ueberdies sind aber auch recht wohl Fälle denkbar, in denen es sich um Störungen von mehr vorübergehendem und reparationsfähigem Charakter handelt, und wo die „ernährende Transfusion" die wesentlichsten Dienste leisten könnte. Abgesehen vom Tetanus, erinnern wir nur an diejenigen Krankheitszustände, bei denen es darauf ankommt, jede Lageveränderung der im Cavum abdominis liegenden Organe, und vor Allem jede Darmbewegung, streng zu verhüten. Penetrirende Bauchwunden, besonders Darmverletzungen, diffuse oder circumscripte Peritonitis und Entzündung der Darmserosa, Magen- oder Darmgeschwüre mit drohender Perforation, sowie auch gewisse Formen der inneren Einklemmung gehören hierher; und man würde hier vielleicht mit Hülfe der ernährenden Transfusion die absolute Immobilisirung der Bauchorgane längere Zeit durchführen können, ohne gleichzeitig durch die Consequenzen der streng eingehaltenen Inanition das Leben direct zu gefährden.

Bei dem Hinweis auf diese Möglichkeiten darf nicht ausser Acht gelassen werden, dass die Chancen für eine längere Conservirung durch die Transfusion bei hungernden Menschen in einer Beziehung weit günstiger sind als bei Thieren. Die oberflächliche Lage und der langgestreckte Verlauf zahlreicher grösserer Venenäste gestatten voraussichtlich eine sehr häufige Wiederholung der Operation, ohne dass man genöthigt ist, auf dieselbe oder eine nahe gelegene Stelle zu recurriren und daher ohne die Gefahren nachträglicher Eiterung; ja die Wahrscheinlichkeit der letzteren würde sogar gleich null sein, wenn sich die weiter unten zu erörternde „subcutane" Ausführung der Transfusion practisch bewährte.

Bei Ausführung der „ernährenden Transfusion" am Menschen dürfte es besonders rathsam erscheinen, das zu benutzende Blut von einem kräftigen, normal ernährten Individuum und, wo möglich, einige Stunden nach einer reichlichen, zweckmässig gemischten Mahlzeit zu unternehmen. Es ist leicht einzusehen, dass das unter diesen Umständen gewonnene Blut einen grösseren Nahrungswerth besitzen muss, als im nüchternen Zustande oder unmittelbar nach geschehener Nahrungsaufnahme. Liegen auch vollständige Vergleichsanalysen des (venösen) Blutes vor und während der Verdauung nicht vor, so wissen wir doch, dass einerseits während der Verdauung der strotzend gefüllte Ductus thoracicus seinen Inhalt unter stärkerem Drucke in das Gebiet der oberen Hohlvene entleert — andererseits der im Ductus enthaltene Chylus zu dieser Zeit reicher an Eiweiss, an Extractivstoffen und besonders an Fett, dagegen ärmer an Wasser ist, als bei nüchternen Thieren. Es lässt sich daher auch wohl annehmen, dass in den Venen des grossen Kreislaufs die genannten Substanzen während der Verdauung stärker vertreten sein werden, und der Inhalt dieser Venen gleichsam ein concentrirteres Ernährungsmaterial darstellt. — Die Frage, wie viel und wie oft bei daniederliegender Ernährung transfundirt werden müsse, um den Stoffwechsel in normalem Gange zu erhalten und wenigstens zu grossen Verlusten des Körpergewichts vorzubeugen, lässt sich auch nur einigermassen genau zur Zeit nicht beantworten. Können wir auch nach den exacten Untersuchungen von Valentin[*]), Barral[**]), Hildesheim[***]) und Anderen den täglichen Nahrungsbedarf beim erwachsenen Menschen annähernd berechnen, so ist derselbe doch nach Individualität, Körpergewicht u. s. w. sicher in hohem Grade verschieden; und ebenso ist wahrscheinlich der Nahrungswerth eines bestimmten

---

[*]) Lehrbuch der Physiologie, Band I., p. 723.
[**]) Ann. de chim. et de phys. III. Sér. t. XXV.
[***]) Die Normaldiät, Berlin 1856.

Blutquantums, d. h. sein Gehalt an Eiweisskörpern, Fett, Extractivstoffen und Salzen, nach den so eben erörterten Bedingungen nicht minder variabel. Ueberdies wissen wir, dass bei der gewöhnlichen Art der Ernährung ein nicht unbeträchtlicher Theil des resorbirten Materials unmittelbar dazu verwandt wird, die secretorische Thätigkeit der Darmdrüsen und die Function der grossen drüsigen Nebenorgane des Digestionsapparates zu unterhalten. Da diese Ausgaben bei ruhender Darmresorption in Wegfall kommen, so findet bei der Ernährung durch Transfusion wahrscheinlich eine erhebliche Ersparniss an Nahrungsmaterial statt, deren absoluten Werth und relative Vertheilung auf einzelne Nahrungsstoffe wir freilich nicht zu bestimmen vermögen. — So viel dürfte übrigens aus unserem Versuche einstweilen zu entnehmen sein, dass die Einführung einer Blutmenge, welche auf den Tag etwa $\frac{1}{150}$ des (ursprünglichen) Körpergewichts gleichkommt, zu einer vollständigen Ernährung — bei Abschluss aller anderweitigen Hülfsquellen — nicht ausreicht.

Practische Ausführung der Transfusion und Indicationen derselben.

Die erste Aufgabe des Arztes, der sich zur Ausführung der Transfusion entschlossen hat, besteht darin, möglichst schnell eine hinreichende Menge frischen, gesunden Menschenblutes zu beschaffen. Die Lösung dieser Aufgabe ist gewiss in manchen Fällen mit nicht unerheblichen Schwierigkeiten verbunden, da hier lediglich die Opferwilligkeit solcher Personen in Betracht kommt, die entweder zufällig bei dem Erkrankten zugegen sind, oder schnell herbei citirt werden können, — die Opferwilligkeit, ihr eigenes Blut herzugeben, um das Leben eines Anderen zu retten. Wo man die Wahl hat, nehme man eine durchaus gesunde kräftige Person, frei von Dyscrasie (namentlich ohne Syphilis), wo dieses nicht angeht, verdient die Anwendung irgend welchen Menschenblutes doch noch den Vorzug vor dem Thierblute, zu dessen Anwendung man nur im äussersten Nothfalle greifen soll. Bliedung hat zwar mit Erfolg in einem Falle Bocksblut angewendet. Er transfundirte vier Unzen desselben bei einem durch Lungenblutung Erschöpften und giebt an, volle Genesung erzielt zu haben. Indessen hier rathen doch Panum's sorgfältige Versuche zu grosser Vorsicht. Letzterer fand bekanntlich, dass das von einer anderen Species infundirte Blut sich nicht dauernd zu erhalten vermöge, sondern alsbald im Körper des operirten Thieres dem Zerfalle und der Ausscheidung unterliegen müsse. — Das durch den Aderlass gewonnene Blut wird in einem Napfe aufgefangen und sofort durch Schlagen (mittelst eines Stabes, oder einer Gabel) defibrinirt und arterialisirt. Die Anwendung defibrinirten Blutes verdient unbedingt den Vorzug vor dem nicht defibrinirten. Die Erfahrungen, die bereits von Müller, Bischoff und Panum in Betreff des defibrinirten Blutes gemacht worden sind, und mit denen die unserigen übereinstimmen, lassen diesen Vorzug unzweifelhaft erscheinen. Gleichwohl könnte es den Anschein gewähren, als ob die Erfahrungen am Menschen dem defibrinirten Blute nicht das Wort redeten, indem in den dreizehn Fällen, die von Larsen, Monneret, Polli, Fenger, Neudörfer, Esmarch mitgetheilt sind, der Transfusion von defibrinirtem Blute keine Rettung, sondern stets der Tod folgte; — indessen ergiebt eine genaue kritische Analyse dieser Fälle, dass dieselben zu den desperatesten gehörten, und der Tod auch der Anwendung des Blutes in toto gefolgt wäre. Der grosse Vorzug des defibrinirten Blutes liegt darin, dass dasselbe frei von Gerinnseln ist und die Einspritzung daher nicht zur Entstehung von Embolien Veranlassung geben kann. Nimmt man nicht defibrinirtes Blut, so ist man durchaus nicht sicher, dass man nicht theilweise geronnenes Blut in den Kreislauf befördert. Panum hat auf diese grossen Gefahren nachdrücklich hingewiesen. Er fand, dass bei grösseren Gerinnseln durch Verstopfung der Lungenarterien der Tod während oder unmittelbar nach der Transfusion eintreten kann; dass ferner das Ausbleiben dieses Todes noch keineswegs die Abwesenheit von Gerinnseln beweist, dass vielmehr secundär im Laufe der nächsten Tage und Wochen der Tod in Folge der Embolie noch auftreten kann.

Andererseits darf man als gesichert annehmen, dass das Fehlen des Faserstoffes ohne Gefahr für das Leben ist. Magendie glaubte zwar durch Versuche an Hunde mit faserstofffreiem Blute zu dem sicheren Ergebnisse gekommen zu sein, dass der Faserstoff den Durchgang des eingespritzten Blutes durch die engen Lungencapillaren befördern und dass das Fehlen desselben sogar zu serösen und sanguinolenten Transsudaten in der Lunge und dem Darmkanale Veranlassung geben könne, indessen bereits aus Panum's Experimenten ging hervor, dass man bei Hunden den Faserstoff des kreisenden Blutes auf ein Minimum

herabsetzen kann, ohne dass irgend welche erhebliche Störungen
auftraten. Auch wir können ganz dasselbe nach unseren Versuchen an Kaninchen und Hunden bestätigen. Wollte man ausserdem noch dem fibrinhaltigen Blute die günstige Eigenschaft
zuschreiben, dass bei profusen Blutungen, die nicht directen
manuellen oder instrumentellen Eingriffen zugänglich sind, wie
die Lungen-, Magen-, Darm- und Uterinblutungen, der dem eingespritzten Blute beigemengte Faserstoff, durch Gerinnungen in
den blutenden Gefässen sich hülfreich erweisen könne, so darf
wohl dieser Einfluss nicht zu hoch angeschlagen werden. Namentlich gilt dieses von den oft colossalen Uterinblutungen.
Wenn hier nicht selbstständige Contractionen des Uterus die
klaffenden Gefässe zum Verschlusse bringen, so möchte eine Verstopfung derselben durch Fibrinpfröpfe des transfundirten Blutes
wohl auch zu den frommen Wünschen gezählt werden. Endlich
hat man noch den Einwurf gemacht, durch das Defibriniren gehe
zu viel Zeit verloren. Indessen hier ist zu bedenken, dass das
Einspritzen von venösem Blute oft ganz und gar unzulässig ist,
indem es sofort den Tod zur Folge haben kann. Dies gilt von
solchen Fällen, in denen die Respiration entweder bereits völlig
erloschen ist, oder doch schon als unzureichend erscheinen muss.
Hier müsste man schon arterielles Blut zur Transfusion anwenden. Zur Arteriotomie giebt sich aber, ganz abgesehen von den
möglichen unangenehmen Folgen, gewiss nicht so leicht Jemand
her, als zu einem Aderlasse; und ausserdem ist es noch sehr
die Frage, ob die Arteriotomie mit Blosslegung und Unterbindungen der Schlagader, oder ein Aderlass mit Defibrination des
Blutes mehr Zeit in Anspruch nimmt. Wir müssen somit
festhalten, dass die Anwendung des durch Quirlen
defibrinirten und arterialisirten Blutes der Anwendung des frischen, noch flüssigen Faserstoff enthaltenden Blutes bei der Transfusion vorgezogen werden muss.

Ist die Defibrinirung geschehen, so wird das Blut durch ein
dichtes Leinentuch colirt und, wenn Zeit genug vorhanden ist,
bis zur Körpertemperatur im Wasserbade erwärmt. Letzteres
kann überall in leichtester Weise improvisirt werden, indem man
das blutenthaltende Gefäss in eine mit warmen Wasser gefüllte
Waschschüssel stellt. Nur wenn Gefahr im Verzuge ist, kann
man von der vorherigen Erwärmung absehen, da zwar nach
Einspritzung eines unter 10° R. abgekühlten Blutes ein Schüttel-

frost einzutreten pflegt, letzterer jedoch scheinbar ohne gefahrdrohende Folgen verläuft. — Während der Erwärmung im Wasserbade wird das Blut noch fortwährend gerührt, um die Blutkörperchen möglichst zahlreich mit dem Sauerstoff der atmosphärischen Luft in Contact zu bringen. Wird, wie es oft geschehen muss, mit der Transfusion eine Depletion des Blutes verbunden, wie es bei den Vergiftungen der Fall ist, so kann unter Umständen das abgelassene Blut, nachdem es durch Quirlen wiederum defibrinirt und arterialisirt worden ist, wiederum zur Transfusion benutzt werden. Dieses gilt namentlich von dem abgelassenen Blute der Erstickten. Wahrscheinlich wird man auch das Blut der durch Chloroform und Aether asphyctisch Gemachten wiederum benutzen können, wenn durch längere Erwärmung und Schlagen in weit offenen, flachen Gefässen die giftigen, leicht entweichenden Gase aus dem Blute vertrieben sind. Leider ist das Blut der durch CO Vergifteten auf solche Weise nicht wieder brauchbar zu machen. Dass die Benutzung des abgelassenen Blutes, namentlich in solchen Fällen, in denen die Beschaffung fremden Blutes Schwierigkeiten findet, in practischer Beziehung von der allergrössten Wichtigkeit ist, leuchtet von selbst ein.

Nachdem somit das transfundirende Blut hergerichtet ist, kann zur Operation selbst geschritten werden.

Die Operation kann entweder an der vorher blosgelegten Vene zur Ausführung kommen, oder sie kann subcutan vollführt werden. Beide Methoden sollen der Reihe nach geschildert und ihre Indikationen entwickelt werden. Da indessen zu beiden eine gute Transfusionsspritze nöthig ist, so soll hier zunächst eine solche beschrieben werden, die nach unserem Dafürhalten am ersten empfohlen werden dürfte.

Der Stiefel der Spitze soll unter allen Umständen von Glas sein, damit man zu jeder Zeit sehen kann, ob neben dem Blute Luftblasen im Spritzenraum vorhanden seien. Mit Recht haben schon Martin und Moncoq der Glasspritze das Wort geredet. Die Transfusion an einem Menschen mit einer Metallspritze auszuführen, muss stets das Gefühl von Unsicherheit und den Gedanken an die Lebensgefahr wach erhalten. Denn wenn auch die Spritze noch so gut schliesst, wenn man auch noch so vorsichtig das Blut eingesogen und mit nach oben gewandtem Ausflussrohre zuvor ein wenig ausgespritzt hat, —

nie wird man mit Bestimmtheit sagen können, ob nicht an der Wand des Spritzenstiefels oder am Stempel eine Luftblase haften geblieben, deren Einspritzung momentanen Tod zur Folge haben kann. Die Gefahr des Lufteintrittes in die Venen ist nicht hoch genug anzuschlagen. Der Fall von Devay und Degranges, der trotz Eindringens von geringer Menge von Luft in die Vene glücklich verlief, darf nicht zur Gleichgültigkeit bei der mit der minutiösesten Sorgfalt vorzunehmenden Füllung und Anwendung der Spritze führen. Denn ihnen gegenüber steht der Fall von Rittgen, bei welchem der Tod durch Lufteintritt in die Vene herbeigeführt wurde. Vielleicht verhielt es sich ähnlich in dem von Jewels mitgetheilten Falle, in welchem der Tod ½ Stunde nach der Einspritzung erfolgte, und in welchem die Obduction Luft im rechten Herzen zeigte. Wir haben uns sowohl bei diesen Versuchen, als auch bei anderen, überzeugt von der grossen Gefährlichkeit des Lufteintrittes. In einem Falle von Vergiftung eines Caninchens mit Aetherdämpfen kam das Thier nach Anwendung der Substitution eines normalen Blutes anfangs wieder völlig zu sich, starb aber dann bald, weil bei der Einspritzung etwas Luft mit in die Vene drang, die wir bei der Section im rechten Herzen neben geronnenen Blutmassen nachweisen konnten. Ist die Spritze von Glas, so kann man sich vorher überzeugen, dass nur Blut im Spritzenraum vorhanden ist. — Am Spritzenstiefel kann zweckmässig eine Scala nach Unzenmaass und Cubikcentimeter eingeätzt sein, damit man zu jeder Zeit ersehen kann, wie viel Blut bereits zur Verwendung gekommen ist, was zum Vergleich mit der Menge des etwa abgeflossenen wünschenswerth erscheinen kann.

Die Spritze selbst ist oben und unten mit Hartkaoutschouk-Aufsatzstücken versehen, von denen das eine die 1 Zoll lange conische Ausflussröhre zum Aufsatze der Infusionscanüle trägt, das andere in centraler Durchbohrungsstelle die metallene Stempelstange führt. Letzteres sowie die Stempelstange ist mit Ringen versehen, an welchen die Spritze beim Gebrauche mit den Fingern einer Hand gehalten werden kann. Der Innenraum der Spritze muss eine Flüssigkeitsmenge von 5 — 6 Unzen fassen können.

Soll die Operation mit Blosslegung des venösen Gefässes stattfinden, so wird die Haut über die Vene in der Längsrichtung ihres Verlaufes nach erhobener Falte incidirt und die Vene an ihrer oberen Fläche eine kurze Strecke weit entblösst. Man kann sehr zweckmässig die Vena mediana-basilica wählen. Hierauf wird die Vene durch einen 3—4 Millimeter langen Schrägschnitt an der vorderen Wand geöffnet, und die Canüle in centralwärts verlaufender Richtung eingesetzt. Das Rohr der auf das Ausflussrohr der Spritze aufgesteckten Canüle hat 1 Millimeter Durchmesser im Lumen und trägt an seinem Ende ein abgerundetes Knöpfchen. Niemals wird die Canüle einzeln eingebracht, sondern sie ist stets zuvor mit der gefüllten Spritze in Verbindung gebracht und durch Vorschieben des Stempels mit Blut gefüllt. Die Infusion erfolgt nun durch gleichmässiges, nicht zu stürmisches Vorschieben des Spritzenstempels mittels der rechten Hand, während der Operateur mit Daumen und Zeigefinger der Linken die Venenwand gegen die Wände der Canüle drückt, nachdem er sich vorher überzeugt hat, dass auch beim Einschieben der Canüle in die Vene nicht nebenher ein Luftbläschen mit in das Gefässrohr eingeschlüpft ist. Während der Einspritzung kann es unter Umständen nothwendig werden, dass das peripherische Venenende comprimirt wird. Sollen mehrere Spritzen voll Blut beigebracht werden, so wird allemal die Canüle sammt der Spritze entfernt, weil das Liegenlassen der Canüle und das nachherige Anstecken der Spritze gar zu leicht Lufteintritt bedingen kann.

Soll, wie es bei den Vergiftungen der Fall ist, mit der Transfusion eine Depletion verbunden werden, so kann dieselbe blossgelegte Vene vorerst zu einem reichlichen Aderlasse benutzt werden. Indessen man kann hierzu auch gerade so gut die Vena mediana-basilica des anderen Armes wählen.

Da es bei der Operation sehr darauf ankommt, dass die Venenwand der Wandung der Canüle möglichst genau anliegt, einerseits damit nicht nebenher Blut ausfliesse, andererseits um auf sichere Weise den Lufteintritt in die Vene zu verhüten, so kann man sich folgender Methode bedienen, die wir bei unseren Versuchen an Thieren als sehr zwekmässig erprobt haben. Centralwärts von dem Schnitte in der Vene wird durch das die Vene umgebende Bindegewebe ein gewächster Seidenfaden unter dem Gefässe hindurchgezogen. Nachdem die Canüle eingeführt ist, werden die Enden dieses Fadens an der vorderen Fläche einfach gekreuzt und mässig straff gehalten. (Vergleiche Figur 1D., in der die Schlinge noch nicht angezogen ist.) Hierdurch gelingt ein so genaues Anlegen der Venenwand an das Infusionsrohr, als es durch Druck des Daumens und Zeigefingers nicht erreicht werden kann. Ein so untergelegter Faden wird, zumal wenn er im Binde- und Fettgewebe der Venenumgebung liegt, die Gefahren einer nachfolgenden Phlebitis gewiss wohl nicht erhöhen, besonders da derselbe nach der Einspritzung vorsichtig wiederum entfernt wird.

Bei acuten Intoxicationen wird man, wie es aus der Schilderung unserer Versuche bereits hervorgeht, mitunter die Transfusion abwechselnd mit der Depletion verbinden müssen, zu deren Ausführung es keiner genaueren technischen Anleitung bedürfen wird.

Bei scheintodten Neugebornen führe man die Canüle in die Vena umbilicalis des quer durchschnittenen Nabelstranges, was ohne sonderliche Schwierigkeiten in allen Fällen gelingen wird. Die gleichzeitig nothwendige Depletion erfolgt aus den Arteriae umbilicales. Das Maass des eingespritzten und abgelassenen Blutes ist hier genauer gegen einander abzuwägen, als es bei Erwachsenen der Fall zu sein braucht.

Nach Vollendung der Operation beachte man zunächst, ob aus der Venenwunde noch spontan eine Blutung fortbesteht. Ist dies nicht der Fall, so wird die Hautwunde mit einigen Knopfnähten vereinigt und wie eine einfache Schnittwunde behandelt. Hält die Blutung vor, so versuche man, ob dieselbe nicht durch Compression des peripherischen Venenstückes aufhöre, in welchem Falle man sodann zur Vereinigung der Haut schreitet. Nur in den äussersten Fällen darf zur Unterbindung des peripherischen, oder gar zugleich des centralen Venenstückes geschritten werden, wegen der etwa darnach auftretenden Phlebitis mit allen ihren unheilvollen Folgen. — Bei Neugeborenen wird nach Beendigung der Operation die Nabelschnur einfach fest zugebunden.

Die zweite Methode, nach welcher die Transfusion vorgenommen werden kann, ist die subcutane, über die uns allerdings selbst keine Erfahrungen zu Gebote stehen. Zu dieser Operation bedarf es besonders angefertigter Canülen, die mit der Spritze in Verbindung gesetzt werden können.

Man bedient sich dazu einer Canüle (Figur 1. A.) mit abgerundeten Knöpfchen am Ende, in welche ein dünner Troicart eingeführt werden kann, welcher in Fig. 1. B. isolirt, in Fig. 1. C. in die Canüle eingeführt dargestellt ist. Die Einführung der letzteren geschieht in folgender Weise. Zuerst

wird die Vena mediana basilica zum Anschwellen gebracht
und die Troicartcanüle in schräger Richtung der Länge

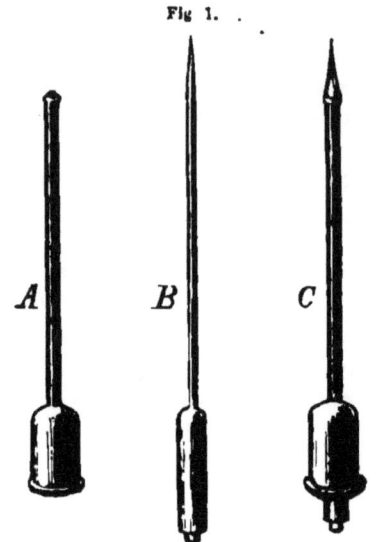

Fig 1.

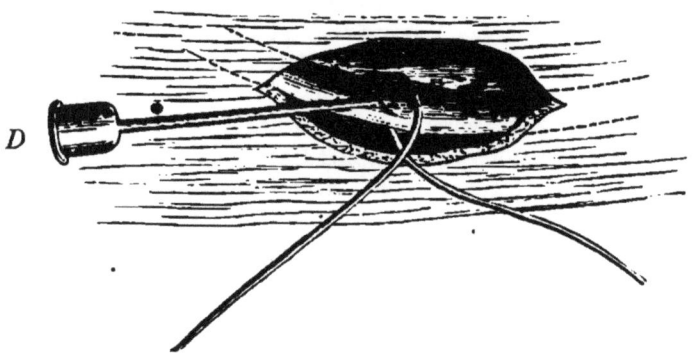

nach in das strotzende Gefäss eingestossen. Ist das Stilet tief
genug eingedrungen, so zieht man dasselbe aus der Röhre heraus. Befindet sich die Oeffnung der Canüle im Venenrohre, so
wird dem ausfliessenden Stilet ein Blutstrahl folgen, der zugleich
die Canüle mit Blut anfüllt und die Luft aus derselben austreibt.
Die Canüle kann nun noch ein wenig, je nach Bedürfniss, wei-

ter vorgeschoben werden, wobei, wegen des abgerundeten Knöpfchens, keine Verletzungen der Venenwandungen zu befürchten sind. Ist die Canüle in guter Lage und hat man sich nochmals davon überzeugt, dass keine Luft mehr in derselben vorhanden ist, so setze man die wohlgefüllte Spritze an und die Transfusion kann beginnen, nachdem die centralwärts liegende Compressionsvorrichtung von der Vene entfernt worden ist.

Die subcutane Anwendung der Transfusion kann noch in einer zweiten verschiedenen Weise vorgenommen werden, wobei man einer andern Stiletcanüle bedarf, die Fig. 2. abgebildet ist. Dieselbe (nach Moncoq's Angaben [L'Union 1863] von uns modificirt) ist eine Canüle, die vorn in eine undurchbohrte Troicartspitze ausläuft Der Canal des Canülenrohres mündet ungefähr in der Mitte desselben seitlich aus. Die Ausführung geschieht nun in der Weise, dass das Stilet der Quere nach durch die schwellend gemachte Vene gestossen wird, so dass die seitliche Oeffnung mitten im Venenrohre und zwar centralwärts gerichtet liegt. Ob letzteres wirklich der Fall ist, wird man aus dem Blutstrahl erkennen, der aus der Canüle bei richtiger Lage sich ergiessen wird. In Figur 3. ist die Stiletcanüle in ihrer richtigen Lage abgebildet. Die Marke a. (Fig. 2.) am Rande

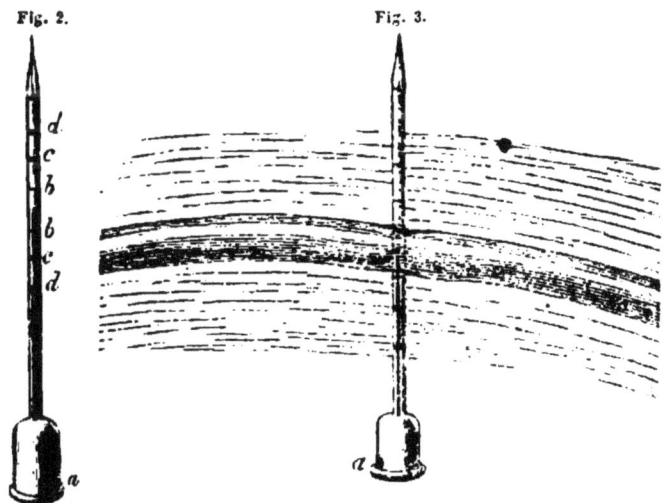

zeigt die Seite, an der die laterale Oeffnung am Rohre sich befindet, die in gleichen Abständen von letzterer Oeffnung angebrachten correspondirenden Marken bb, cc, dd können bei

Einführung der Stiletcanüle über die Lage der Oeffnung Anhalt
bieten. Die Verbindung der Spritze mit der Canüle und die
Transfusion geschehen in derselben Weise, wie bei der ersten
subcutanen Methode.

Schliesslich soll von uns hier noch eine besondere Canüle
beschrieben werden, die mit einer eigenen Vorrichtung ausge-
stattet ist, den Uebergang der etwa noch in der Spritze be-
findlichen Luftbläschen in die Venen zu verhindern. Dieselbe
ist Fig. 4. abgebildet. Die Vorrichtung, vermittelst deren diese
Canüle die Sicherheit gegen Lufteindringen in die Venen gewährt, nennen wir den „Luftfänger". Der Luftfänger stellt
eine 1½ Zoll lange Metalltrommel dar von elliptischem Quer-
schnitte. Die Höhe der Ellipse beträgt 1 Zoll, ihre Breite ¾ Zoll.
Auf den beiden elliptischen Endflächen sind das Spritzenansatzstück und das Ausflussröhrchen so angebracht, dass ersteres auf der einen Endfläche hart am oberen Rande der Ellipse, letzteres auf der andern Endfläche hart am untern Rande
der Ellipse in die Metalltrommel einmündet. Das Ausflussröhrchen erstreckt sich noch eine Strecke weit in den Innenraum
der Trommel hinein, und ist daselbst in concaver Biegung nach ab-
wärts gerichtet, so dass die Eingangsöffnung gerade nach unten
hin sieht. Vor der Anwendung wird die ganze Canüle mit Blut
gefüllt, und nachdem dieselbe in die Venenöffnung eingeführt
ist, wird das Spritzenansatzstück stets nach oben hin gerichtet
gehalten. Es ist nun klar, dass, wenn durch das Spritzenansatzstück mit dem eingespritzten Blute auch Luftbläschen mit in den
Luftfänger gelangen, dieselben sofort unter die obere Decke des-

Fig. 4.

selben treten werden, während das Blut sich nach unten begiebt
Auf diese Weise wird die Oeffnung des Ausflussröhrchens immer
unter dem Blute liegen und liegen bleiben, selbst wenn sogar
grössere Luftbläschen in den Luftfänger eingetreten sind. Es
versteht sich von selbst, dass die Entleerung des Spritzeninhalts

nicht gar zu stürmisch erfolgen darf; doch gilt diese Regel nicht allein bei Anwendung der Luftfängercanüle, sondern auch bei jeder anderen überhaupt. Die eine Endplatte des Luftfängers kann abgenommen und aufgesetzt werden und zwar mittelst eines einfachen, gut schliessenden Schachtelverschlusses, damit der Innenraum gereinigt werden kann.*)

Der Luftfänger gewährt in der That eine grosse Sicherheit gegen das mit vollstem Rechte gefürchtete Lufteindringen in die Venen, und es dürfte daher seine Application da anzurathen sein, wo mit möglichster Schnelligkeit relativ reichliche Massen Blut transfundirt werden sollen, also namentlich bei bedrohlichen Fällen acuter Intoxicationen.

Schliesslich sei noch bemerkt, dass der Luftfänger nach dem Principe der Schuh'schen Troikartcanüle für das Ablassen von Ergüssen aus Körperhöhlen, in welche hinein man das Eindringen der Luft verhindern will, construirt ist. Nur wirkt hier das Instrument im gerade umgekehrten Sinne.

Für die Transfusion bei scheintodten Neugebornen in die Nabelschnur hinein bedarf man nur einer kleineren, sonst ganz ähnlichen Spritze von etwa 2—3 Unzen Gehalt und einer einfachen Canüle, wie sie unter Fig. 1 A. abgebildet ist.

Wenn wir nach dieser Beschreibung der Instrumente und ihrer Anwendung uns nunmehr entscheiden sollen, welcher Methode der Vorzug gebühre, so ist Folgendes in Erwägung zu ziehen: Von der subcutanen Methode wird man in allen jenen Fällen völlig absehen müssen, in denen eine Anschwellung des venösen Gefässes nicht mehr zu erzielen ist, sei es der bedeutenden Blutarmuth wegen, sei es in Folge der zu sehr gesunkenen Circulationsthätigkeit. Dagegen wird man der subcutanen Methode den Vorzug geben in den Fällen, in welchen die Transfusion wiederholt an verschiedenen Tagen in Aussicht gestellt ist und bei denen keine besondere Eile nothwendig ist, also in Fällen, in denen die Transfusion die Ernährung unterhalten soll. Hier würde eine wiederholte Entblössung der Vene die Gefahr der Thrombose und Phlebitis und phlegmonöser Entzündungen des umgebenden Gewebes sehr steigern, wie es theilweise bei

---

*) Transfusionsapparate nach der im Vorstehenden gelieferten Beschreibung (Glasspritze mit Hartkaoutschoukansätzen, Canüle 1. und 2., und Luftfänger-Canüle in einem Besteck) werden von dem Berliner Instrumentenmacher Herrn Goldschmidt verfertigt.

unserem Versuchshunde der Fall war. Für die übrigen Fälle mag die grössere manuelle Fertigkeit in der einen oder anderen Art den Ausschlag geben; der Ungeübte wird indess gut thun, die Transfusion bei blosgelegter Vene zu vollführen, allerdings vielleicht mit etwas mehr Aussicht auf nachfolgende Phlebitis.

Was die von anderen Autoren vorgeschlagenen Apparate anbetrifft, so können wir die Anwendung der Metallspritzen von Major, Graefe, Dieffenbach u. A. aus den vorhin angegebenen, bereits von Martin richtig hervorgehobenen, Gründen nicht billigen. Die übrigen Spritzenapparate, meist der Art, dass mit der Spritze Vorrichtungen verbunden sind, durch welche stets aufs Neue Blut auf besonderem Wege in den Spritzenraum geleitet wird, wie sie Blundell, Sotteau, Bougard, Demme, Moncoq u. A. angegeben haben, sind ihrer complicirten Einrichtung wegen gar nicht empfehlenswerth. Auch hier sind, wie bei so vielen chirurgischen Instrumenten und Apparaten, die einfachsten zugleich die sichersten und besten.

Was die Gefahren der Operation anbelangt, so haben wir von dem Eintreten der Luft in die Venen und dem Verhüten desselben durch Vorsicht und durch unseren „Luftfänger" bereits gesprochen. Abgesehen von diesen Gefahren, die sich bei Anwendung guter Instrumente mit ziemlicher Sicherheit vermeiden lassen, ist die Ausführung der Operation selbst ausserordentlich leicht und einfach, und wenn trotzdem Liégard in der Sitzung der Soc. de Chirurgie zu Paris (5. August 1863) die Operation eine heroische und trügerische nennt, so muss man wohl annehmen, dass er sie nie selbst gemacht und überhaupt wohl keine richtige Ahnung von der Ausführung derselben hat. —

Indessen verdient noch ein Punkt eine besondere Berücksichtigung: dies ist die nach der Operation möglicher Weise auftretende Phlebitis mit ihren üblen Folgezuständen. Das Wort Cruveilhiers „La phlebite domine toute la pathologie" mahnt auch auf diesem Gebiete zu vorsichtigen unbefangenen Erörterungen über diese Gefahr. Allerdings kann an der zur Operation benutzten Vene eine nachträgliche Entzündung eintreten und sie ist in manchen Fällen wirklich beobachtet worden. Indessen es sind die Gefahren dieser Entzündung von den Gegnern der Operation oft übertrieben und zu einem schreckhaften Gespenste ausgemalt worden. Schon Martin hat durch seine kritische Würdigung dieses Punktes die

Angst vor den Gefahren der Phlebitis auf ihr gebührendes Maass beschränkt. In den Fällen von Blundell, Uwins, Soden und Masfen verlief die eingetretene Entzündung ohne üble Nachwirkungen, wie wir ja auch an einfachen Aderlasswundstellen nicht gar selten Entzündungen sich heranbilden sehen, die bei Behandlung mit Aqua plumbi und Eis meist ohne weitere Nachtheile verlaufen. In dem von Turner behandelten Falle erfolgte der Tod durch einen Carbunkel an der hinteren Fläche des Armes am 10. Tage, doch hatte dieser höchst wahrscheinlich mit einer Phlebitis in Folge der Operation nichts zu thun Ausserdem fällt ja in den Fällen, in denen von der Transfusion nur noch einzig und allein rettende Hülfe zu erwarten ist, jede Erörterung über eintretende Phlebitis von selbst weg.

Indicationen für die Transfusion.

I. **Die Transfusion bei acuter Anämie, bei Chlorose, Hydrämie und Leukämie.**

Die acute Anämie ist es bis jetzt fast ganz allein, bei der man die Transfusion in Anwendung gezogen hat und zwar sind es speciell vorzugsweise die Blutungen Neuentbundener, welche dieselbe veranlassten. Martin hat in seiner Schrift: Ueber die Transfusion bei Blutungen Neuentbundener. Berlin, 1859, die Indicationen für diese speciellen Fälle in folgender Form präcisirt. „Stellt sich bei aufgetretenen Zeichen von Anämie höheren Grades — allgemeine Blässe der Haut, Kälte der Extremitäten, kleiner, kaum unterscheidbarer Puls, Ohnmachtenanwandlungen, durch das Wiederausbrechen der entsprechenden Nähr- oder Arzneimittel die Unmöglichkeit der Restauration mittels des Mundes und Magens heraus, so halte ich den Zeitpunkt zur Transfusion gekommen und rathe, nicht länger mit dieser fast gefahrlosen Operation zu säumen." (l. c. p. 77.) Vor allen Dingen warnt er vor unentschlossenem Säumen, da sonst leicht ein „zu spät" eintreten könne. Die Martin'sche Statistik zeigt, dass von 57 so behandelten Neuentbundenen 45 völlig genasen, und es können diesen Fällen (seit 1859) noch neue günstige, z. B. der von Simon Thomas[*)] angereiht werden. So günstige Resultate sollten den Arzt in vorkommenden Fällen zu dieser einfachen Operation auffordern und es müssen einer so günstigen

---

*) Nederlandsch Tydschrift vor Geneesk 1865.

Statistik gegenüber die gegnerischen Auslassungen eines Depaul, Morel-Lavallée u. A. verstummen.

Indessen auch bei hochgradigen Blutungen anderer Art ist unter gleichen Verhältnissen die Transfusion indicirt: Bei Blutungen in Folge von Verletzungen, bei starker erschöpfender Hämoptoë, bei Hämorrhagien des Magens, des Darmes und der Geschlechtsorgane, sowie bei Blutungen der Bluter-Kranken. Auch Chlorose und hochgradige Hydrämie können unter Umständen die Transfusion indiciren, zumal dann, wenn anhaltendes Erbrechen (namentlich bei gleichzeitigem Ulcus ventriculi) und krankhafte Affectionen des Nahrungskanals die allgemeine Ernährung mehr und mehr beeinträchtigen und kräftige Nahrungsmittel, Eisenpräparate und Roborantien nicht vertragen werden.

Auch bei der Leukämie verdient die Transfusion Beachtung, und es ist dieselbe hier bereits von Blasius*) auf Anrathen von Th. Weber, bei einem Manne, der an lienaler Leukämie litt, ausgeführt worden. Es wurden etwa 4 Unzen Venenblut eines kräftigen Mannes in toto injicirt. Der Kranke befand sich darnach wohler als zuvor und konnte sogar wieder ausgehen. Am 9. Tage zeigte sich eine suppurative Phlebitis an der Operationsstelle. Es erfolgte zwar keine Pyämie, aber eine Verschlimmerung der Leukämie und der Tod trat am 16. Tage nach der Operation ein. Die Transfusion wird bei der Leukämie allerdings immer nur von palliativer Wirkung sein; da wir aber nach den Versuchen von Marfels und Brown-Séquard wissen, dass die eingespritzten rothen Blutkörperchen sich längere Zeit im Körper erhalten können, so hat gewiss der Arzt Recht, wenn er sich der von Zeit zu Zeit vorgenommenen (subcutanen) Transfusion, als des einzigen ihm zustehenden bedient, den durch das Uebergewicht der meisten Blutzellen im Körper hervorgebrachten schweren Störungen direct entgegen zu treten.

Da die Einspritzung voraussichtlich wiederholt erfolgen muss, so verdient die subcutane Anwendungsweise den Vorzug.

II. Die Transfusion mit gleichzeitiger Deplotion bei acuten Vergiftungen, oder die Substitution des Blutes.

Wir haben durch die obigen Versuche dahin streben wollen, der depletorischen Transfusion auf dem Gebiete der acuten Ver-

---

*) Monatsbl. f. medicin Statistik. Beilage der Deutsch. Klinik. 11. 1863.

giftungen Eingang in die ärztliche Praxis in umfassender Weise zu verschaffen. Als Indication können wir einfach festhalten: Ist eine toxische Substanz in das Blut aufgenommen worden, durch deren Gegenwart lebensgefährliche Störungen bedingt sind, so soll der Versuch gemacht werden, an die Stelle des mit der toxischen Substanz vermischten Blutes ein normales zu substituiren. Es wird im Wesentlichen von der Art der Aufnahme der giftigen Substanzen in das Blut abhängen, ob eine einmalige, oder wiederholt vorgenommene depletorische Transfusion in Anwendung gezogen werden muss: sie ist allemal indicirt, so oft die bedrohlichen Zufälle sich zu bedenklicher Höhe gesteigert haben. Da wir bei sehr vielen Vergiftungen, bei denen das Gift bereits in den Kreislauf übergegangen ist, keine Gegenmittel aufzuweisen haben, so verdient in der That die depletorische Transfusion die volle Beachtung der Therapeuten und die relativ geringfügigen Gefahren der Operation selbst können in Rücksicht der drohenden Lebensgefahr kaum in Betracht kommen. Dass man neben, vor und nach der operativen Behandlung auch noch die mehr weniger erprobten Antidota versuchen und andere hülfreiche Behandlungsweisen anwenden soll, bedarf kaum einer besonderen Empfehlung. Nur soll man die Transfusion nicht bis zum letzten Augenblick aufschieben. Unter den gasigen Giften möchten wir noch vornehmlich das Leuchtgas und das Schwefelwasserstoffgas anführen, gegen welche man mit der Transfusion in Praxi einzuschreiten häufiger Gelegenheit haben dürfte. In Betreff des letzteren Giftes gilt dieses namentlich von den Unglücksfällen, wie sie beim Ausräumen von Cloaken und Abtrittsstätten vorkommen.

Nach den Ansichten v. Liebig's wirkt das Schwefelwasserstoffgas in der Weise vergiftend, dass es sich im Blute mit dem Eisen der rothen Blutkörperchen zu Schwefeleisen verbindet Andererseits wissen wir aber auch aus den theoretischen Erörterungen ebendesselben Forschers, dass die lebendige respiratorische Thätigkeit der rothen Blutkörperchen nur dann bestehen kann, wenn das Eisen in denselben als Oxyd, beziehungsweise als Oxydul im arteriellen und venösen Blute sich vorfindet. Es wird also durch das HS die respiratorische Thätigkeit der Blutmasse direct vernichtet. Da wir nun bei dieser Vergiftung keine Mittel in Händen haben, die Schwefelverbindung aufzuheben, so wird die depletorische Transfusion gerade hier am Platze sein.

Das durch seine Schwefeleisenverbindung respirationsunfähige Blut wird durch ein normales ersetzt. Ausser den von Aussen her in den Körper eingeführten Giften sind es noch zwei Zustände, gegen welche die depletorische Transfusion anempfohlen zu werden verdient: die sogenannte Urämie und Cholämie, wiewohl die Wirkung hier gewiss oft genug nur eine palliative sein wird. Was die urämische Intoxication anbetrifft; so ist es für die in Rede stehende Frage gleichgültig, ob dieselbe in einer Ansammlung von Harnstoff resp. kohlensaurem Ammonium im Blute besteht, oder ob die Erscheinungen derselben von einer acuten Anämie des Gehirnes abzuleiten sind: — die Transfusion wird sich in beiden Fällen hülfreich erweisen können. Bei den Intoxicationserscheinungen, wie dieselben bei den schweren Icterusformen vorkommen, wird die depletorische Transfusion voraussichtlich in solchen Fällen geradezu lebensrettend wirken können, in denen die Ursachen des Icterus nur transitorische sind; zeitweilige Verstopfung des Ductus choledochus u dgl. — Auch bei Pyämie ist die Transfusion vorgeschlagen worden und Neudörffer[*]) will in fünf Fällen während des italienischen Feldzuges beobachtet haben, dass unmittelbar nach der Transfusion sich der Zustand des Kranken auffallend gebessert habe. Lücke (Kriegschirurg. Aphorismen) glaubt dieselbe aus theoretischen Gründen namentlich bei gewissen Formen der acuten Septicämie, wie sie unter Anderem nach penetrirenden Gelenkschusswunden auftreten, empfehlen zu können. Wir stehen davon ab, diesem Vorschlage unsere Zustimmung zu geben, und müssen es den genannten Chirurgen überlassen, durch practische Belege oder experimentelle Untersuchungen das vorgeschlagene Verfahren als nachahmungswerth zu erweisen.

Bei chronischen Vergiftungen halten wir die depletorische Transfusion nicht für indicirt.

III. Die Transfusion bei Inanitionszuständen.

In Betreff der Indicationen verweisen wir auf das im dritten Abschnitte bereits Bemerkte. Da die Transfusion hier wiederholt angestellt werden muss, so verdient die subcutane Anwendungsweise unbedingt den Vorzug.

---

*) Oesterr. Zeitschrift für practische Heilkunde 1860, No. 8, 9.

Ueberblicken wir nach diesen, die practische Seite der Transfusion erörternden Bemerkungen noch einmal die Resultate, zu denen wir durch die von uns angestellten Experimentaluntersuchungen gelangt sind, so können wir dieselben in Folgendem zusammenfassen:

1) Die Transfusion von sauerstoffreichem, defibrinirtem Blute derselben Species bewirkt bei der durch erschöpfende Blutverluste bedingten, acuten Anämie Wiederherstellung des Lebens und aller Functionen, auch wenn dieselbe in dem Stadium der „anämischen Paralyse", d. h. nach eingetretener Respirationslähmung, motorischer und sensorieller Paralyse, und bei drohendem oder schon vorhandenem Herzstillstande ausgeführt wird.

2) Die Transfusion eines derartigen Blutes kann unter diesen Umständen nicht ersetzt werden durch die Injection von Albuminlösung, oder von Serum (mit Luft oder Sauerstoff geschüttelt), oder auch endlich von defibrinirtem, aber nachträglich mit Kohlensäure geschütteltem Blute. In allen diesen Fällen erfolgt keine Wiederbelebung; aber bei der Injection eines mit Kohlensäure gesättigten Blutes stirbt das Thier unter Convulsionen, während bei der Injection von Serum oder von Albuminlösung die letzteren ausbleiben.

3) Die Wirkung der Transfusion bei anämisch gemachten Thieren äussert sich zuerst durch eine Wiederherstellung oder Verstärkung der rhythmischen Athembewegungen. Diese Wirkung tritt auch nach doppelseitiger Vagus-Durchschneidung noch ein — allerdings nur in sehr vorübergehender Weise.

4) Theoretisch geht aus diesen Versuchen Folgendes hervor: Die Wirksamkeit der Transfusion bei der durch Blutungen bedingten acuten Anämie beruht auf der Gegenwart von an rothe Blutkörperchen gebundenem Sauerstoff in dem transfundirten Blute. Die anämisch gemachten Thiere sterben asphyctisch, indem durch Sauerstoffmangel in Folge der plötzlichen Verminderung der rothen Blutkörperchenmenge eine Ueberreizung und consecutive Paralyse des respiratorischen Centrums der Med. oblongata stattfindet. Durch die erneuerte Zufuhr von an rothe Blutkörperchen gebundenem Sauerstoff kann die Ueberreizung auf das Stadium des normalen Reizes herabgesetzt, und die Respiration (direct, von der Med. oblong. — nicht reflectorisch, von den Vagus-Enden aus) wieder erregt werden.

Die Anhäufung der Kohlensäure in dem noch restirenden

Blute ist wahrscheinlich die Ursache der bei acuter Anämie auftretenden Convulsionen — wofür u. A. die unter 2. angeführten Thatsachen zu sprechen scheinen.

5) Bei acuten Vergiftungen, wo die toxisch wirkende Substanz in das Blut resorbirt wird oder direct in dasselbe gelangt und von hier aus deletär auf das Nervensystem einwirkt, bewährt sich als das kräftigste uns zu Gebote stehende Mittel die Transfusion, und zwar in einer Form, die wir als „combinirte" oder „depletorische" Transfusion („Substitution" nach Panum) bezeichnen. Dieselbe besteht in der alternirenden Anwendung der Transfusion und Depletion bis zu völliger „Ausspülung" des mit Gift imprägnirten Blutes oder Ersetzung desselben durch ein normales, giftfreies — und zwar so lange, bis die Resorption aufgehört hat oder die Menge des resorbirbaren Giftes zu sehr vermindert ist, um durch Cumulation im Blute noch gefahrdrohende Symptome zu erzeugen.

6) Die Beschaffenheit der toxischen Substanz ist bei dem Princip, auf welchem dieses Verfahren beruht, an sich gleichgiltig; von grösserem Gewicht erscheint nur der Zeitpunkt der Operation und die Art und Weise der Ausführung. Jedoch haben die an Thieren angestellten Versuche die Wirksamkeit der „combinirten Transfusion" in folgenden Fällen speciell bestätigt:

a) bei Vergiftungen durch Kohlensäure (und gleichzeitigem Sauerstoffmangel);
b) bei Vergiftungen durch Kohlenoxyd, und zwar in Fällen intensivster Vergiftung, wo depletorische Blutentziehungen allein oder künstliche Respiration in der energischsten Form (faradische Reizung der Phrenici — Einblasungen in die geöffnete Luftröhre) keine Wirkung mehr zeigten;
c) bei Vergiftungen durch Chloroform- und Aetherdämpfe;
d) bei Vergiftungen durch verschiedene Alcaloide (Morphium, Opium, Strychnin). — In diesen Fällen, wo die Vergiftung theils durch Infusion in die Venen, theils durch hypodermatische Application der vergifteten Substanz herbeigeführt wurde, ergab sich die Möglichkeit, durch eine in obiger Weise combinirte Transfusion, sobald dieselbe zeitig genug vorgenommen wurde, die Dauer der Vergiftungszeit und die Intensität der Vergiftungssymptome bei nicht lethaler Dosis erheblich zu verkürzen — ja sogar

Erhaltung des Lebens und Integrität aller Functionen bei anderweitig tödtlicher Dosis zu bewirken.

7) Bei künstlich herbeigeführtem Nahrungsmangel durch anhaltende, vollständige Inanition gelingt es, das Leben eine relativ lange Zeit zu fristen, indem man dem Thiere als Surrogat für die Nahrung und die während des Fastens verbrannte Körpersubstanz in entsprechenden Intervallen hinreichende Quantitäten defibrinirten, durch Schlagen hellroth gemachten Blutes derselben Thierspecies zuführt. Der Tod erfolgt, selbst bei nur unvollständiger Ernährung durch die Transfusion, viel später, und die täglichen absoluten und relativen Gewichtsverluste sind viel geringer, als es sonst bei hungernden Thieren der Fall ist.